道義国家日本を再建する言論誌

維新と興亞

第十三号

題字　柳田泰山
写真　小野耕資

維新と興亜 第十三号

目次

【巻頭言】 北米局長に問う「それでもあなたは日本人なのか」

日本の主権を踏みにじり、日本人の誇りを傷つけている日米地位協定の抜本改定を、本誌は一貫して主張してきた。今回の特集においても、議席獲得を目指す保守政党全てが地位協定の抜本改定に賛成であることが明らかになった。しかし、地位協定改定は一ミリも動かない。なぜか。外務省がそれを阻んでいるからだ。

日米安保体制とは、米軍に絶対的な特権が与えられる占領体制の継続にほかならない。しかし、米軍特権を日米安全保障条約や日米地位協定に書き込めば、当然日本人の反発を招くことになる。そこで、米軍特権は日米合同委員会で結ばれる密約によって決められているのである。合同委員会での合意事項は日米双方に拘束力を持つが、日米双方の合意がなければ公表されない。

合同委員会のアメリカ側トップが在日米軍司令部副司令官であり、日本側トップが外務省北米局長だ。つまり、日本国民を欺いて米軍特権を守っているのが、北米局長ということになる。合同委員会の米側トップは、いわばイギリスが植民地支配のために置いた総督のような存在であり、総督から直接指示を受けるのが北米局長という構図だ。現在北米局長を務めているのが、「自由で開かれたインド太平洋」の発案者として知られる市川恵一氏である。

北米局長は、外務省の中でも特別な地位にある。歴代北米局長には、人事面から外務省を統制している人事課の課長、課長補佐歴任者が多い。立命館大学大学院助教の竹本信介氏は、「継続的に人事課長歴任者が北米局長に就任することで、地域局内のヒエラルキー構造は北米局を中心としたものとなり、特にこの主流派に属する外務官僚の行動様式には、その体制維持に努めることが期待されている」と指摘している。

「体制維持」とは、占領体制の維持なのではあるまいか。北米局長は、占領体制を守るために、日本国の総理の決断さえ葬り去ることができる。

二〇〇九年九月、鳩山由紀夫氏は米軍普天間飛行場の移設先について、「最低でも県外」を掲げ政権交代を実現した。しかし、外務省はこの鳩山総理の方針を葬ったのである。二〇一〇年春、鳩山総理は徳之島移設案を打ち出した。ところが四月十九日、「極秘」と押印された外務省文書が鳩山総理のもとに届けられた。

その文書には、〈米軍マニュアルにはヘリ基地と訓練場との距離は「六十五カイリ（約百二十キロ）以内」との基準が明記されており、徳之島にヘリ基地を移設しても訓練場のある沖縄本島との距離は最低でも百四カイリ（百九十二キロ）となり、一時間の訓練のため四時間の飛行が必要となるなど、持続可能ではない〉と書かれていた。この瞬間、鳩山総理は県外移設を断念したのだ。ところが、不思議なことに米軍は「そのようなマニュアルは存在しない」と述べ、外務省の「極秘文書の管理簿」にもこの文書は記載されていない。アメリカの意向を受けた北米局が公文書を偽造したということなのか。倉重篤郎氏は、「彼ら官僚たちの忠誠心の向かう先が、時の政権の新方針ではなく米国の意向のほうにあった」と指摘している（『サンデー毎日』二〇一七年二月五日号）。

三月十六日の衆議院外務委員会では、民主党政権時代に外相を務めた岡田克也氏が、二〇〇一年に施行された情報公開法、二〇一一年に施行された公文書管理法よりも、「外務省の局長と在日米軍の副司令官レベルの人とが合意したことが優先してしまっている」と批判している。米軍特権を維持するために占領体制を守ることが、外務省北米局の使命であっていいのか。

いま、心ある日本人はアメリカからの真の自立を熱望している。日本人としての誇りがあるからだ。市川恵一北米局長に問いたい。いつまで占領軍のために働き続けるのか。あなたには日本人としての誇りはないのか。それでもあなたは日本人なのか。

浦安市議会議員　折本龍則

参院選がスタートした。どの政党に投票するか迷っている国民も多いだろう。しかし、それ以前に疑問が拭えないのは、そもそも参議院は何のために必要なのかということである。

よく参議院は衆議院のカーボンコピーなので「良識の府」としての独自性が必要だとして参院改革が叫ばれる。特に、参院議員の任期は六年でその間解散もないので、一度なってしまうと任期中選挙なしで高額の議員報酬がもらえる。その額は月額１２９万４０００円でボーナスを入れた年額は２１８１万円であり、その他衆院議員と同様に月額１００万円の文書交通費が支給されるそうだ。

その一方で、憲法では参議院に対する衆議院の優越が認められており、予算の議決や条約の批准、内閣総理大臣の指名、法律案の議決に関しては衆議院の議決が優先される。法律案については、参議院で否決された場合、衆議院は出席議員の3分の2以上の賛成で再び可決する必要がある他、憲法改正の発議には衆参両院の総議員の3分の2以上の賛成が必要なので一定の歯止めにはなるが、衆議院と同等かそれ以上（任期中選挙がないので）の待遇の割に権能が小さいと言わざるをえない。

現在の参院の選挙制度は、比例代表、選挙区並立制であるが、選挙区は都道府県単位の中選挙区であり、広すぎるので事実上候補者個人を選ぶというよりも政党を選ぶ選挙になっている。言うまでもなく比例代表も政党を選ぶので、参院は既成政党の公認を貰った候補者しか当選できず、そうして選ばれた議員も党に雇われた高級サラリーマン化して組織の歯車になるしかない。任期中選挙はないといっても、党の公認がなくなれば次の選挙ではほぼ確実に落選するので党執行部に従属せざるをえないのである。

一方の衆議院の選挙制度は小選挙区比例代表並立制だが、これも比例代表は言うまでもなく、小選挙区は与党に圧倒的に有利であり、野党や無所属の当選は極めて難しい。この様に、参議院と衆議院は選挙方法こそ異なるが、両者とも与党ないしは既成政党本位であることに変わりはなく、このようなやり方を続けている限り参議院の独自性は打ち出せないし、その存在意義は問われ続けるであろう。

ところで、参議院の前身は、帝国憲法下における貴族院であるが、貴族院は非公選で、皇族や華族、勅任議員によって構成され、各界の有識者が勅任（天皇陛下の勅命による任命）により就任していた。しかし戦後、ＧＨＱの占領政策によって華族制度が廃止され、現行憲法の制定によって貴族院は公選の参議院へと改組されたのである。この参議院への改組を巡っては、当初日本政府は二院制と貴族院の存続を目指し、ＧＨＱに提出した憲法改正要綱（松本案）でも貴族院の名称を参議院に変更し、参議院は「選挙又ハ勅任セラレタル議員ヲ以テ組織スル」としていたが、ＧＨＱは一院制を想定しており、「国民による選出」を条件に二院制を容認したという経緯がある。

かたや、日本と同じ立憲君主制の国であるイギリスも二院制であり、庶民院である下院に対して上院は貴族院であり、議員は英国女王によって任命される。かつては世襲貴族が大半であったが、近年は政官財軍、司法界などで国家に貢献した国民が、首相の助言の下に英国女王から世襲できない一代貴族として爵位を叙爵され議員になるケースが大多数だという。イギリスでも下院は上院に優越するが、勅任制の上院は、公選による「選挙による独裁」や、かつてトクヴィルが言った「多数者の専制」を抑制する上で一定の機能を果たしているとされる。

たしかに、世襲貴族だと門地による差別や封建的特権の温床になる弊害はあるが、個人の能力本位による一代貴族ならば専門的知見が国政に発揮され、しかも英国上院は終身制なので、目先の選挙の為の人気取りに忙殺されたり、既成政党に従属することなく、国防や教育、農業など、国家百年の大計に立った議論を行うことが期待できるだろう。もちろんイギリスと日本の歴史や国柄は異なるが、他山の石として参考に値するのではないか。

大アジア研究会代表　小野耕資

岸田内閣における「デジタル田園都市構想実現会議」の問題を今号も取り上げる。同会議にはパソナグループ取締役会長の竹中平蔵氏と、ヴェオリアジャパン取締役会長の野田由美子氏が起用されており、本誌ではこれまでも同会議の動きに注目してきた。

六月一日の会議では同国家構想に向けた基本方針を取りまとめた。それによると、「全国の地方自治体のうち一〇〇〇の団体が、二〇二四年度末までにデジタル化に取り組むほか、デジタル技術をいかした地域作りに貢献する中核的な人材を国内の一〇〇〇の地域に配置する」こととなっている。これによって地方におけるデジタルトランスフォーメーション（ＤＸ）を強力に推進し、東京一極集中を是正し地方から全国へとボトムアップの成長を推進すると謳われている。

具体的には、自動運転など公共交通分野のデジタル化、中山間地域の活性化、スマートシティ（スーパーシティ）関連施策の推進が挙げられている。これらを実現するために、デジタルインフラの整備とともにマイナンバーカードの普及及び健康保険証や運転免許証との一体化、公金受取口座の登録も検討されている。これらを実現する方策として「ＰＰＰ／ＰＦＩの一層の活用促進」が明言されている。

「ＰＰＰ／ＰＦＩ」とは、要はコンセッション方式のことで、ＰＰＰが「Public Private Partnership」の略語であることからも明らかなように、要は国や地方自治体が行う行政背策を、官民連携して行うということだ。

ＰＦＩは「Private Finance Initiative」の略で、さらにその官民連携を民間の資金や経営基盤をもって公共政策を実現しようというものである。

これらの概念、方式が各種公共サービスを民営化させる際に唱えられ、水道民営化などに代表される国民共有の財産を外資に売却するロジックともなってきたのだ。これが本会議でも謳われたことで、「デジタル化」を旗印にまた国民資産が外資に売却される売国行為を後押しするのではないかという懸念が強くなったといえる。

さて、同会議に委員として入り込んでいる竹中平蔵氏は、人材派遣業に精通しているわけではない。同じく野田由美子氏も、水道管理の実務に精通しているからヴェオリアに入ったわけではない。二人とも、同企業に入る前からコンセッション方式の専門家としてPPPやPFIに知見を持ち、わが国に導入すべき旨を主張しながら内閣府や経済産業省などの官庁周辺で仕事をする人物であった。

つまり企業が両名を雇っているのは、コンセッション方式の知見を買ってのことであり、この二人を取締役に掲げる限り、パソナは単純な人材会社というだけではなく、ヴェオリアジャパンも単なる水道会社ではない。

国や自治体に働きかけ、国民共通資本を売却させるべく動く工作者としての要素が濃厚なのだ。両社の動きもまた、工作機関として見るべきだ。それほどコンセッション方式は禍々しい。具体的にコンセッション方式がどう危険かは過去の本誌でも取り上げてきたので割愛するが、いずれにしても、大メディアが事実関係のみ報じるだけで、同会議の危険性を一切報じないことは大きな問題である。

なお、内閣府ホームページで公開されている同会議の議事録や資料を見ると、「デジタル田園都市国家構想を先導する取組」として、いくつかの自治体の取り組み方針がプレゼンされている。その中には「宮城県仙台市」や「静岡県浜松市」といった水道民営化で悪名をはせた自治体の名前も見える。行政がこうした自治体の取り組みをプレゼンさせるということは、事前に政策方針が自治体に流されており、それに適う取り組みを自治体でプロト的に行うことが了解されていることがうかがえる。

こうしてグローバリスト、新自由主義に都合の良い政策が政府の補助金のもと行われ、官と癒着した一部の人間たちだけが肥え太る構造が強化されていくのだ。

議席を狙う保守政党徹底比較

今回の参議院議員選挙では、「保守政党乱立」といった声も聞かれる。議席獲得を目指す保守政党は、何を訴えようとしているのか。各党の違いはどこにあるのか。本誌は緊急特集を組み、保守政党10党にアンケート調査を実施（結果は30、31頁に掲載）、8党にインタビューした。

インタビューでは、「自民党も維新の会も保守政党ではない。売国政党だ」という厳しい声が発せられた。では、保守政党が訴える「保守」「維新」とは何を意味しているのか。

本誌は、自民党的な「保守」を批判する立場から、反グローバリズム、真の独立の回復、本来の国の姿の回復を主要なスローガンとして掲げてきたが、今回取材した保守政党の主張も概ねその方向性と一致している。特に、保守政党の多くが、反グローバリズム、反新自由主義を強く訴えるようになっている。かつて新自由主義路線を推し進めた第二次安倍政権を多くの「保守派」が支持していたことを考えると、いま状況は大きく変化しつつある。今回の政策アンケートでも、ほとんどの政党が新自由主義路線に反対していることが明確に示された。

いくつかの政党は、国際金融資本に対して非常に厳しい姿勢をとっている。例えば、祖国再生同盟は「賭博経済の撲滅」を掲げ、国際金融資本の力を削ぐことを主張している。つばさの

維新政党・新風
一陽会
参政党
新党くにもり
新党やまと
祖国再生同盟
つばさの党
日本改革党
日本国民党
日本第一党

わが党こそが真の保守政党だ！

党は、国際金融資本家から、通貨の発行権を民衆の手に取り戻すことを主張している。また、ほとんど全ての政党が反緊縮財政の立場をとっている。

何よりも全ての党が真の独立の回復を重視し、日米地位協定の抜本改定に賛成している事実は極めて重い。ただし、日米安保条約についての立場は分かれた。自主防衛に向かう道筋について、保守政党間で活発な議論が起こることを期待している。

ほとんどの党が、綱領において國體重視の姿勢を示していることは非常に心強い。

憲法については、維新政党・新風、祖国再生同盟、日本改革党が現行憲法の破棄を、一陽会、参政党、新党くにもり、新党やまと、つばさの党、日本第一党が自主憲法の制定を、日本国民党がどちらかと言えば現行憲法の改正を主張している。

日本の核武装については、新風、一陽会、日本改革党、日本国民党、日本第一党が積極的に賛成している。これに対して、参政党、くにもり、やまと、祖国再生同盟、つばさは「反対」「検討すべき」等と回答した。ウクライナ戦争をめぐる対露経済制裁、原発再稼働については意見が分かれた。小児に対するワクチン接種については、新風と第一党を除く全ての党が反対と答えている。

戦後体制を強化した安倍政権

維新政党・新風代表　魚谷哲央

我々の立場は、戦後体制の枠内にある自民党右派の立場とは根本的に異なります。平成18（2006）年に発足した第一次安倍政権は、「戦後レジームからの脱却」を掲げました。その時、「保守派」は安倍総理に期待しましたが、我々はその限界を見抜いていました。

平成19年7月の参議院選挙で、我々は「安倍さんの言葉と我々の言葉は似ているが、実態は真逆です。安倍総理が言う『戦後レジームからの脱却』は、戦後体制を肯定し、それを強化していく方向です」と主張しました。実際、安倍政権が行ったことは、日本の自主性を高めることなく、日米安保体制を強化することでしかありませんでした。第二次政権では、「戦後レジームからの脱却」自体が封印されてしまいました。

戦後体制の打破を正面から掲げる唯一の政党

――参院選で最も訴えたいことは何ですか。

魚谷　我々維新政党・新風は、戦後体制の打破を正面から掲げる唯一の政党です。戦後体制打破なくして、日本は真の独立主権国家たり得ません。右派的な主張をする政党は「保守政党」として括られますが、我々は、自分たちが保守政党だとは考えていません。あくまでも我々は「維新政党」なのです。

わが党は、「基本政策大綱」序文で、「大東亜戦争後の日本の戦後処理を決定したヤルタ密約とポツダム宣言によつてもたらされた戦後体制を打破し、正統かつ常識的なる国家体制の回復を第一義として、皇室を中心とした自由で平和かつ豊かな社会を築くことを目的としてゐる」と謳っています。

名の知れた政治家が保守的な姿勢を示すと、「保守派」は安易にそれに乗ってしまいますが、結局戦後体制そのものである自民党の政策に戻ってしまいます。

――今回の参院選では、保守を標榜する新しい政党がいくつか参戦します。

魚谷 驚くほど多くの「保守政党」が出ていますね。過去にも新しい保守政党が注目を集めたことはあります。しかし、強固な思想性に支えられなければ、結局自民党右派的な流れに飲み込まれてしまいます。

戦後体制を温存した改憲では意味がない

――いかにして戦後体制を打破すればいいのでしょうか。

魚谷 保守的な政策を掲げたところで、憲法の在り方が正されなければ、すべてが空論で終わってしまいます。我々は、現行占領憲法を速やかに失効させ、手続上、帝国憲法に復元、即改正という手続きを経て、真の主権回復を体した憲法を制定すべきだと考えています。

昭和27（1952）年4月28日にサンフランシスコ講和条約が発効した際、占領基本法に類するものはすべて失効したはずです。しかし、当時の為政者たちが肝心な手続きを怠ったため、占領体制がそのまま戦後体制へと継続して、今日に至っているのです。

自民党は、「憲法9条1項・2項を残しつつ、自衛隊を明文で書き込む」という、いわゆる「9条加憲」を目指していますが、それは戦後体制を温存した上での改憲に過ぎません。

――防衛政策についてはどのように考えていますか。

魚谷 まず、自衛隊が名誉ある国軍としての在り方を回復しなければなりません。ところが、占領現行憲法では自衛隊は軍隊ではありません。その意味でも占領憲法を失効させる必要があるのです。自主防衛強化のためには核武装を推進すべきと考えています。また、武器輸出を解禁し、自主開発を強化しなければなりません。

――教育についてはどうですか。

魚谷 占領政策によって自虐史観が蔓延し、日本人の誇りが大きく損なわれてしまいました。謂れなき自虐史観を一刻も早く払拭し、正しい歴史認識を回復しなければならないのです。

新しい国際秩序を日本が構築するべきだ

参政党事務局長　神谷宗幣

日本は経済戦と情報戦でボロ敗け

――参院選で最も訴えたい政策は何ですか。

神谷　「参政党には具体的政策が少ない」というご指摘を受けることがありますが、我々が何よりも重視しているのは、テレビや新聞が伝えない政治的な問題を国民に伝えたいということです。その上で、国民の皆さんに日本の将来について考えていただき、一緒に政策を固めていきたいと考えているのです。

我々は、三つの重点政策の一つとして「子供の教育」を掲げています。明治維新以降、西洋の教育が導入され、管理教育が強まったと認識しています。そうした管理教育を改めて、江戸時代のように子供の個性を重視した探求型の教育制度に変えていくべきだと考えています。同時に、敗戦後に刷り込まれてきた自虐史観を一掃して、自尊史観の教育に変えるべきだと訴えています。

――重点政策の一つ「国のまもり」では、「日本の舵取りに外国勢力が関与できない体制づくり」を掲げています。

神谷　この30年間、日本経済が成長しなかったのは、日本人の能力が低下したからではありません。日本の経済の仕組みを外国勢力に都合よく作り変えられ、日本人の富が外国の資本家に流れているからです。日本は経済戦で完敗したということです。外国勢力によって作り変えられた経済の仕組みを崩さなければ、日本経済は立ち直らないし、日本の国防も成り立ちません。そのために、我々は、外国資本による企業買収や土地買収が困難になる法律の制定を訴えています。経済戦だけではなく、情報戦においても日本はすでにボロ敗けしています。このような状態では、日本が実際の戦争で勝利することはできません。

西洋主導の国連体制からの脱却

――参政党は「戦後国際秩序からの脱却をめざす」と謳っていますが、「戦後国際秩序」とは何を指しているのですか。

神谷　西洋列強の主導で作られた国連体制です。例えば、2015年の国連サミットでSDGsが採択され、現在国際社会では脱炭素が金科玉条のように唱えられていますが、本当に我々は脱炭素を進めなければならないのでしょうか。脱炭素とは、先行して経済発展した西洋の人たちが今後も発展を続けつつ、他の国からお金をとれる新たな仕組みとして唱えているだけではないのかという疑問があります。つまり、日本は西洋が作ったルールで戦うのではなく、日本人の国柄、日本人の精神性を中心においた秩序を作り、その中で戦う必要があるということです。彼らが作った土俵の上で戦えば、必ず不利になるのです。

現在、世界は戦争状態にあり、激動の時代を迎えています。しかも、日本が頼ってきたアメリカは内部から崩壊しつつあります。今こそ、国連体制を絶対視するのではなく、日本が豊かになるための新しい秩序を、日本自身が構築するときだと思います。

――参政党の党員が急速に増えていると伝えられています。

神谷　党員とサポーターを合わせて約5万5000人に拡大しました（6月16日現在）。

――支持拡大の理由をどう分析していますか。

神谷　国民には既存の政党に対する不満があるのだと思います。そうした中で、既存政党に不満を持っている人たちが参加できるように、党の仕組みを作ったことが支持されている理由だと考えています。マスコミは我々の活動を伝えませんでしたが、ユーチューバーの人たちが自主的に我々の活動について動画を撮影して発信してくれました。それが、SNSなどで拡散したことによって勢いがついたようです。

――参院選での目標は。

神谷　500万票で5議席です。

政府の赤字はみんなの黒字

新党くにもり共同代表　安藤　裕

いまや自民党は売国政党だ

――安藤さんは自民党と決別し、今回新党くにもりから参議院議員選挙に出馬します。

安藤　今回の選挙では、「保守とは国民生活を守ることだ」ということを強く訴えたいと思います。コロナ禍は一種の戦争です。本来はこうした事態になれば、政府が総力を挙げて国民の生命、生活を守らなければなりません。それが、本来の「保守」のあるべき姿です。しかし、自民党政権には国民の生活を守ることができませんでした。

コロナの影響で困窮している人たちに対して、きちんとお金を出すだけで問題は解決したのです。政府が真水で100兆円の財政出動を決断し、日本全国・全業種について「粗利補償」をすれば、国民は救済できました。ところが、自民党政権はそれをしなかった。国民を見捨てたということです。

現在の日本の最大の問題は、国民の貧困化です。だから、我々は貧困撲滅を掲げて選挙を戦います。貧困化すれば、自分の生活に精一杯になり、国のことや社会のことを考える余裕さえなくなります。「国がどうなろうが、知ったことではない」という考え方が蔓延しかねません。つまり、国民の貧困化を放置することは、国民が国を愛する力を奪い、国家を弱体化させることなのです。

しかも、日本企業が救済を受けず弱体化していけば、中国をはじめとする外資の餌食になります。つまり、コロナの影響を受けた企業を守ることは、安全保障の問題でもあるということです。自民党政権にはそれがわかっていないです。いまや、中国企業は日本の中小企業や不動産を買いたい放題。しかも、岸田首相は投資家に向けて「Invest in Kishida（岸田に投資を）」などと呑気に語っているのです。まさに「売国」ですよ。もはや自民党は保守政党ではないということです。

新党くにもりは、「国を護り、民を護り、国民を保守する」政党です。国民が互いに助け合い、守り合う、温かな「日本人の心」を大切にする政治を目指します。

「財政危機論」の嘘を暴け！

——岸田政権が6月7日に閣議決定した「骨太方針2022」では、プライマリーバランス（基礎的財政収支）黒字化の目標年限が削除されました。

安藤　今回も財務省は、「プライマリーバランス黒字化」目標を「骨太方針」に盛り込むべく、自民党議員の説得に奔走していたと伝えられています。いまこそ、財務省が説いてきた「財政危機論」の嘘を暴かなければなりません。そのために、我々は財政赤字の意味について、国民に訴えかけています。「政府の赤字はみんなの黒字」と。

そして、我々は財務省解体を主張しています。予算編成権を財務省から取り上げるのです。そのために、経済企画庁のような役所をもう一度作り、予算編成もそこでやるようすればいいと考えています。

——維新の会についてはどう見ていますか。

安藤　点数をつければ、維新は0点です。緊縮財政を主張する維新の政策では、国民がますます貧困化するのは確実でしょう。しかも、維新が主張している道州制の導入は、日本の解体を目論むものだと思います。彼らを「保守」に分類するのは間違っています。

——新党くにもりは、「日本を主語とした政治を行う」と唱えています。

安藤　それは、日本古来よりの伝統と文化を尊重し、皇室を敬う国民こそが日本の宝として尊重される家族のような国を目指すということです。そして、日本人が誇りを持って生きていける国を取り戻すということです。そのためには、戦後植え付けられた自虐史観から脱却しなければなりません。また、学校教育できちんと日本の神話を教えるべきだと思います。

主権を踏みにじられても黙っているのか

新党やまと代表　小林興起

属国状態では主体的に政策を決められない

――新党やまとはアメリカからの自立を正面から訴えています。

小林　5月22日に、バイデン大統領が日本を訪問しました。ところが彼は、米軍の横田基地から入国してきたのです。なぜ、表玄関から入国してこないのか。主権国家として、こんなことを認めていてはいけない。我々はアメリカの属国ではないはずです。我々新党やまとに議席があれば、即座に国会で政府を厳しく追及しますよ。ところが、政治家もメディアもは「怪しからん」という声を上げません。日本人は主権国家としての誇りを失ってしまったのでしょうか。このような非礼な方法で入国した人間を、天皇陛下に面会させたのも間違いだったと思います。

日本に対する主権侵害が罷り通っているのは、日米地位協定が存在するからです。今年1月には、沖縄で「オミクロン株」の市中感染が拡大しましたが、その原因は杜撰な米軍の検疫です。地位協定によって、米軍には日本側の検疫が適用されないのです。このような状況では、日本政府が国民の生命と安全を守ることさえできません。しかし、「地位協定を抜本改定しよう」という議論は全く起こりません。もはや、わが国には保守政党は存在しないということです。現在の「保守」は、中国や韓国に対しては大声で「怪しからん」と言うのに、日本を属国扱いしているアメリカに対しては、何も言えないのです。日本が属国である限り、日本政府が主体的な政策を進めることなどできません。小泉政権以来、日本は新自由主義を推し進めてきましたが、そうした政策もアメリカの対日要望書によって決定されてきたのです。

日本型資本主義を取り戻せ！

―― 岸田政権の経済政策をどう見ていますか。

小林 岸田さんは「新自由主義からの転換」「新しい資本主義」を掲げて、総裁選を戦い総理に就きましたが、結局小泉政権以来の新自由主義から決別することはできませんでした。岸田政権が閣議決定した「骨太の方針」も、安倍政権、菅政権の政策を踏襲したものに過ぎません。そもそもアメリカ言いなりの自民党政権が新自由主義路線を転換することは不可能です。

「新しい資本主義」などという言葉を使わなくても、もともとわが国には日本型資本主義があるのです。公益資本主義と呼んでもいいでしょう。我々は、それを認識すべきです。日本型資本主義は、小泉政権以来、急速に導入された欧米の資本主義とは本質的に異なるものです。欧米の資本主義は株主偏重で、顧客や従業員、地域社会など企業活動に関わる全体の利益を考えていません。これに対して、日本型資本主義は、社会全体の利益拡大を目指したものでした。例えば、渋沢栄一は、すべての人が豊かに幸せになっていくという、世界に例を見ない公益資本主義、「論語と算盤」を提唱しました。そうした考え方に基づいて、戦後日本は「一億総中流」というものを見事に実現したのです。

ところが、平成時代になって、わが国は小泉・竹中流の新自由主義に基づく株主主体の資本主義に染められ、アメリカの要求した郵政民営化を実現するため、選挙の公認を外すという形で、反対した衆議院議員を党から追放し、優秀な人材、国民の為を考える人材をなくして、一般国民が豊かさから疎外されてきたのです。新党やまとは、その反省に基づいて、再び国民全体が豊かになる経済政策を訴えていきます。

経営者や資本家だけでなく、働く人全体を幸せにするという日本的思想に経済政策を戻していかなければなりません。例えば、企業の利益からいただく法人税をかつての水準に引き上げ、一般大衆を圧迫している上げ過ぎた消費税を大幅に下げるという政策こそ、新党やまとの掲げる経済政策の中心です。同時に、積極財政によって、コロナ不況を阻止しなければなりません。

国際金融資本を支える賭博経済を撲滅する

祖国再生同盟代表　木原功仁哉

世界を牛耳る国際金融資本

―― 祖国再生同盟は、基本政策の第一に「賭博経済の撲滅」を掲げています。

木原　国際金融資本などの富豪たちが世界中の政治家を意のままに操り、政治的・経済的に世界を牛耳っている現実が明らかになっています。そして、国際金融資本の横暴によって、我々日本人の財産だけではなく、生命や健康までもが脅かされているのです。

そうした国際金融資本を支えているのが、賭博経済なのです。金融経済の規模は、実体経済の10倍とも１００倍とも言われています。その実態は、為替、株価の変動を予想して、それによって利ざやを稼ぐことです。「賭博行為」と何ら変わりません。

「賭博経済」は、犯罪的な経済格差を生み出しました。マイクロソフト創業者ビル・ゲイツ氏など世界の大富豪８人の資産が、世界の富の半分を占めています（平成29年）。国際金融資本の力の源泉は、通貨発行権です。彼らは大正２（１９１４）年に、アメリカ合衆国憲法に反して政府の通貨発行権を奪取し、アメリカの中央銀行にあたるＦＲＢ（連邦準備制度理事会）を設立して巨大な利権を手に入れたのです。

国際金融資本は、通貨発行権という「打ち出の小槌」を絶対に手放そうとせず、自分たちに逆らおうとした政治家たちをことごとく抹殺してきました。例えば、アメリカのケネディ大統領は、１９６３年にＦＲＢから政府に通貨発行権を返還させようとして、大統領令を発出して政府紙幣を復活させたものの、同年に暗殺されました。

賭博経済を撲滅するためには、我々は通貨発行権を国に返還させるとともに、証券取引所・商品取引所を閉鎖し、貿易決済などの実体経済以外の為替取引を禁止すべきだと訴えています。

八紘為宇の理想の実現

――祖国再生同盟は明治憲法復元を主張しています。

木原　日本が真の独立国となり、本来の姿を取り戻すためには、ＧＨＱが日本弱体化政策の一つとして制定した占領憲法（日本国憲法）を破棄する必要があるのです。占領憲法をめぐっては、「改憲論」と「護憲論」が対立していますが、いずれも占領憲法が憲法として有効であることを大前提としています。しかし、占領憲法は憲法として無効なのです。

　我々が主張する「眞正護憲論」は、徹底的な護憲論であり、占領憲法の改正に反対するだけでなく、昭和22年の帝国憲法から占領憲法への改正は違憲無効であるため、帝国憲法が現在も有効であるとの立場です。占領憲法はアメリカとの講和条約の限度で効力を認めるという見解です。

　また、基幹物資の自給率向上が必要です。いまや、食料やエネルギーなど国民の基幹物資は輸入頼りになり、自給率が低下しています。食料自給率はカロリーベースで30％台、エネルギー自給率は10％台まで低下しています。仮に相手国との関係が悪化し、輸入できなくなった場合、わが国の国民生活が成り立たなくなってしまいます。こうした輸入依存を是正し、究極的には「国民の基幹物資の自給率１００％」を達成させる必要があるのです。

　わが国が自立再生社会を建設するだけではなく、世界各国がそれを目指し、互いに友好親善に努めることによって、共栄連合体が形成され、世界平和を実現するのです。まさにそれは、わが国の肇国（ちょうこく）以来の理想である「八紘（あめのした）を掩（おほ）ひて宇（いえ）に為（せ）む」（日本書紀）を実現することでもあります。かつて日本が目指した大東亜共栄圏も、八紘為宇の理想に基づいた素晴らしい考え方でした。

　我々は、祖国日本の再生を目指し、独自の主張を訴えて参院選を戦い抜きます。

反グローバリズムを第一に掲げる理由

つばさの党代表　黒川敦彦

「ユダヤ・マネーをぶっ壊す」

――つばさの党は、反グローバリズムを強く訴えています。

黒川　我々は、反グローバリズムの主張をデフォルメするため、動画などでは「ユダヤ・マネーをぶっ壊す」という表現を敢えて使っています。もちろんユダヤ・マネーだけが悪いわけではないのですが、「外資勢力の中心にいるのがユダヤ資本家である」という主張は決して陰謀論などではなく、事実だと考えています。

日本の政治経済をここまで破壊した元凶は、外資勢力の手先に成り下がった政治家、経済人たちが、日本の法律、制度を変えて国の富を外資に売り渡してきたことです。だから、我々は反グローバリズムを第一に掲げているのです。

――つばさの党は中央銀行制度の抜本的改革を主張しています。

黒川　現在の金融制度の中心にあるのが、中央銀行制度であり、それを牛耳っているのがアメリカの連邦準備制度理事会（ＦＲＢ）です。そして、ＦＲＢを作ったのは、モルガン、ロックフェラー、ロスチャイルドなどの国際金融資本家たちです。彼らは、ちょっと会議を開けば、何百兆円といったお金を発行できるわけです。そして、発行したお金を身内の銀行で回すわけです。したがって、国際金融資本家から、通貨の発行権を民衆の手に取り戻さなければならないのです。

アメリカの属国状態から脱却せよ！

――つばさの党は、対米自立を主張しています。

黒川　戦後76年も経っているにもかかわらず、いまなおアメリカの属国状態が続いているから、日本の政治家、経済人はアメリカの言いなりなのです。常にアメリカの顔色を窺い、アメリカに何か言われれば、法律も経済も捻じ曲げてしまう。アメリカに言われれば、郵政民営化を進めて郵貯マネーをアメリカに貢ぐ。さらに、公共インフラや一次産業までも、外国企業に売り渡してしまう。

こうした状況を変えるためには、反グローバリズムと対米自立を同時に訴えなければならないと考えています。日本がアメリカの属国状態から脱却し、アメリカと対等の関係になるためには、まず日米地位協定などの不平等条約を抜本的に改定しなければなりません。対米自立を唱えることは決して反米ではなく、主権国家として当然のことです。

日本の政治家はアメリカを訪れ、政治家たちともっと話をすべきだと思います。日本人が、きちんと説明すれば、理解してくれるアメリカの政治家はいるはずです。

――　自主防衛については、どのような道筋を考えていますか。

黒川　まず、憲法を改正して、自主防衛について国民の議論を開始すべきです。その上で、国防軍と明記する必要があります。ただ、我々は現在の自民党に安易な改憲をさせてはいけないと考えています。外資勢力やアメリカのネオコンに乗っ取られている現在の自民党の言う改憲は、アメリカの利益になっても日本の利益にはならないからです。日本がアメリカのための戦争に使われることにしかならないと思います。

――　どのような目的で、「性と真っ向から向き合う社会の実現」を掲げているのですか。

黒川　少子化に歯止めをかけなければ、わが国は衰退してしまうという危機感を抱いているからです。最近、20代男性の30％以上が童貞だというデータを目にしました。ネット社会が加速し、個別化が進んだ結果、自然な恋愛ができる男女が減り、少子化が進んでいるのは明らかだと思います。ところが、これまで政治が性の問題に踏み込むことはタブーとされてきました。しかし、少子化に歯止めをかけることは政治の責任です。男女の恋愛や性の問題について、もっとオープンに議論する時期にきているのではないでしょうか。

現代の「玄洋社」を目指す

日本国民党代表
鈴木信行

選挙を通じた持続可能な「維新」運動を

――日本国民党の強味を教えてください。

鈴木　私自身は「保守」を自任していません。「保守」の範囲があまりにも広すぎるのです。私は「維新者」、「民族主義者」です。保守革新で分けるとそれは、革新なのかもしれません。皇室や日本の歴史を守る意味では保守ですが、現在の政府に対しては、僕は維新しなければいけないと考えます。

　私は維新勢力であり続けたい。右翼と言われてもかまわない。玄洋社の頭山満は、日本のために政治的影響力を行使しました。今こそ、我々は「現代版玄洋社」として愛国者のネットワークを築いていきたいのです。

――日本国民党は国政選より地方選に積極的です。

鈴木　先日、NHK党の立花孝志氏ともお話ししましたが、NHK党はいま、小さい看板が集まり大同団結しようとしています。統一候補を推し上げない限り、保守派で国政を勝ち抜くことはできません。確実に選挙戦に勝っていかないと候補者や党員は疲弊します。

　以前の団体で、みんなが傷ついていくのを経験してきました。確実に勝てる地方選挙を選択して基盤を固めたい。当然、国政はまったくやらないわけではありません。ただ、国政への挑戦は私の代でなくてもいいと思っています。国政はやりたくてうずうずしていますが、それだけで、負ける選挙はやりたくない。無闇に党員を傷つけたくありません。

――日本維新の会の評価を教えてください。

鈴木　維新の会に維新者はいません。かつて「維新」という言葉を使うと右翼と言われました。その言葉が違和感なく使えるようになったのは橋下徹氏の功績ですね。

しかし、本来の維新の言葉から乖離してしまいました。維新の会は外国人参政権ひとつとっても賛同できないし、橋下知事時代にも外国人特区とか、中国の関係も怪しいと思ってるし、ＩＲ誘致もかれらの進めているのはパチンコ店に海沿いの土地を買わせて、公有地でやろうとしています。とても承認できるものではありません。

排外主義のレッテルあれど…

―― ヘイトスピーチについてお聞かせください

鈴木 私はネットでは「排外主義者」などと呼ばれることもありますが、右翼は戦前から国際的でしたし、日本の国益にかなうと信じるからこそ、国際親善事業も展開しています。

その国際化と、日本に外国人を今の形で入れることは違います。入ってくる流れはどうにも止めることは困難です。今の留学生や技能実習生はおかしな制度。さすがに政府も修正するでしょうが、明らかにいびつな制度ではないでしょうか。

こうした問題を指摘した結果、「排外主義者」と罵倒されても構いません。私は、長年民族主義運動をやってきたので、そうした罵倒を何とも思いません。ただ、私をヘイトスピーチと批判してくる方々より、私の方が国際交流を豊かにしていると思います。

慣習の違いなど国際交流を通じて散々、嫌な思いもしてきました。それでも国際交流を進めるのは日本の国益につながると信じているからです。いま私は特にフィリピンとの友好親善に取り組んでいます。私は地元・葛飾区とフィリピン姉妹都市提携も推進しています。葛飾区の青木区長は大使への拝謁も済ませました。

そのフィリピンが中国に取られたらどうなりますか？ 同時にインドネシアも取られかねません。つまり、東南アジア諸国との友好関係を強化することは、シーレーンの防衛と奪還なのです。この十年で東南アジアの勢力が変わっています。私は少しでもフィリピンを日本側につなぎ留めたいのです。大東亜戦争の最大の激戦地はフィリピンでした。重要な場所だと認識しています。

外国企業への公共インフラ売却は売国的行為だ

日本第一党幹事長　中村和弘

日本は軍事大国になるべきだ

――日本第一党は、国防費をGDP比3％まで拡大すべきだと主張しています。

中村　我々は、「日本は軍事大国になるべきである」と考えています。その目的は、わが国の平和を維持するためです。

核武装についても躊躇なく推進すべきだと考えています。もちろん、そのためには、アメリカに理解してもらう必要があります。「アメリカは日本の核武装を決して容認しない」という意見がありますが、我々はそうは考えていません。実際、トランプ政権時代には日本の核武装を容認するような空気がありました。いま日本の核武装の最大の障害となっているのは、日本人自身の核アレルギーです。それを克服するための努力をすべきです。

日本が軍事大国になるためには、自衛隊を国防軍に再編し、最も優秀な人材を確保しなければなりません。そのためにも、現在自衛隊で用いられている階級や呼称を日本人になじみのあるものに改めて、自衛隊員の誇りを回復する必要があります。そして、自衛官の給与を公務員の最高水準に引き上げるべきです。つまり、若者にとって自衛隊や防衛大学校に入ることが憧れになるように、すべてを改めなければならないのです。

水道事業の外国企業への売却は売国的行為だ

――経済政策についてはどう考えていますか。

中村　経済は安全保障を強化するための土台でもあります。国民の貧困化に対して早急に手を打たなければ、取り返しのつかないことになります。我々は、自民党は国家を崩壊させ、国民を貧困化させる特急列車だと考えています。

コロナ恐慌から国民の生命を守るためには、「大幅減税」が必要です。我々は消費税を廃止するだけではなく、所得税を2年間免除すべきだと訴えています。所得税2年間免除という政策は、ある意味で「金持ち優遇だ」という批判を受けるかもしれませんが、日本経済を立て直すことが喫緊の課題であり、そのためには減少した可処分所得を増やすしかありません。

また、コロナによって経済的被害を受ける事業者に対しては、「粗利保証」と、従業員全ての「雇用を守る補償」により事業継続を支援すべきです。

―― 日本第一党は、「超積極財政で疲弊しきった国民経済を復活させます」と訴えています。

中村 現在の日本経済の状況を考えれば、財政出動の拡大以外に日本経済を救う道はありません。だから、大胆な積極財政に転じるべきだという立場から「超積極財政」という言葉を使っています。

一方、水道、電力、空港、港湾などの公共インフラが民営化され、料金の高騰を招きつつあります。これらの公共インフラは国民のライフラインであり、国の責任で安定的に安価で提供すべきです。外国企業のビジネス拡大の道具にしてはなりません。

例えば、宮城県では上水道を含めた水道事業の運営権がフランスの水メジャーに売却されましたが、これは「売国的」行為と批判されても仕方がありません。我々日本第一党は、こうした公共インフラを再公営化し、国民の暮らしを守るべきだと主張しています。

―― ワクチン政策については、どのように考えていますか。

中村 医師の意見も、国民の意見もワクチン推進派、ワクチン反対派に割れています。つまり、ワクチン接種のメリット、デメリットは未だに明確な結論は出ていないと思います。だからこそ、慎重な判断が必要なのではないでしょうか。医療関係者にもわからない問題について、どうして医学の素人が断言できるのでしょうか。我々は、政党として反ワクチンやワクチン推進を主張するのは極めて無責任だと考えています。

日本の政治は日本人だけで

一陽会代表　原田陽子

一陽会の強み

一陽会は「日本を日本人の国として次の世代へ」をスローガンとして掲げ、移民政策反対や参政権及び公務就任権に国籍制限が必要であると訴えて活動しております。特に被選挙権（立候補者）については三代の日本国籍を有し、かつ、帰化事実が無い事を条件とする事を目指しております。実際に一陽会HPには、複数の会員が自ら三代の戸籍を開示し掲載しております。また「帰化議員の排除」に関しても一陽会は強く訴えております。これは特定の国の帰化人だけを認めないといった差別的なものではなく、国を問わず全ての帰化人を対象としております。このように「日本の政治は日本人だけで行っていこう」と強く訴え、実際に行動に移しているのが、我々一陽会です。

新自由主義について

新自由主義に関しては諸説があり、定義も不明確であると認識しております。したがって、的確にお答えする事は難しいのですが、仮に新自由主義を経済のテクニックと捉え、その定義を「政府の力を最小化して経済の自由化を図る」とするのであれば、これはグローバル主義に繋がる考えになることから我々の考えとは相反するものとなります。一方「政府の無駄な支出を減らし国民の税金を抑える」ことに主眼を置くとすれば、外国人に対する生活保護費支給や国費留学制度といった外国人優遇措置の即廃止を訴える我々と同じ方向性であるとも言えます。いずれにしても、一陽会は「経済の為に日本の伝統文化を壊してはならない」という考えのもと活動しておりますので、経済に関しては特に触れておりません。

選挙に向けた方針や取り組み

日本人の為の政治を実現する為には、日本の政治に外国人の意思を入れてはなりません。一陽会は、外国にアイデンティティを持った議員の排出を防ぐため、議員や候補者の戸籍開示が必要だと考えております。また「帰化議員を認めない」と明確に訴えている政党が皆無となってしまっている現状では、帰化一世議員の輩出阻止に向けて早急な対応が必要だと考えております。したがって、一陽会といたしましては、政党を問わず「帰化議員反対」等の我々の主張に賛同して頂ける立候補者を応援して「日本人の為の政治」を目指して行きたいと考えております。

國體に関する各党の主な主張

維新政党・新風「我が党は、君民一体の国体の理念を、議会制政体によって顕現し、道義国家の実現を期す」

参　政　党「先人の叡智を活かし、天皇を中心に一つにまとまる平和な国をつくる」

新党くにもり「私たちは、国民こそが国の『大御宝』とする、神武天皇以来の優しさと思いやり、誇りと勇気に満ちた、『家族』のような日本国を目指す」

祖国再生同盟「我々は、御皇室の自治と自律を回復させ、國體の護持を期する」

日本国民党「わが党は、天皇とともに悠久の歴史を営んできた国民の歩みを原点として、現代における維新変革を志すべく立ち上がった政党である」

日本第一党「我が党は、世界に比類無き万世一系の天皇を戴いた民族国家日本の国体を護ります」

	祖国再生同盟	つばさの党	日本改革党	日本国民党	日本第一党
皇位継承	男系継承を守るべき	男系継承を守るべき	男系継承を守るべき	男系継承を守るべき	男系継承を守るべき
憲法	現行憲法を破棄すべき	自主憲法を制定すべき	現行憲法を破棄すべき	現行憲法改正に近い	自主憲法を制定すべき
日米安保条約	反対	賛成（④参照）	賛成	賛成に近い	賛成（⑤参照）
日米地位協定の抜本改定	賛成	賛成	賛成	賛成	賛成
自衛隊の在り方	国軍改編	国軍改編	国軍改編	国軍改編	国軍改編
日本の核武装	賛成（⑦参照）	⑧参照	賛成	賛成	賛成
対ロシア制裁	反対	反対	賛成	賛成に近い	賛成
政府の経済政策	評価しない	評価しない	評価しない	評価しない	評価しない
反緊縮財政	どちらとも言えない	支持	支持	支持	支持
消費税	減税すべき	減税すべき	減税すべき	減税すべき	減税すべき
水道民営化	反対	反対	どちらでもない	反対	反対
主要農作物種子法廃止	支持しない	支持しない	どちらでもない	支持しない	支持しない
非正規雇用の拡大	反対	反対	反対	反対	反対
外国人労働者の受け入れ拡大	反対	反対	反対	反対	反対
外国人への永住権付与	厳格にすべき	厳格にすべき	厳格にすべき	厳格にすべき	厳格にすべき
原発再稼働	容認せざるを得ない	反対	賛成	賛成に近い	⑬参照
ワクチン政策	評価しない	評価しない	評価しない	評価するに近い	どちらともいえない
小児ワクチン接種	反対	反対	反対	反対	どちらともいえない
ヘイトスピーチ規制	反対	反対	反対	反対	反対
岸田政権に対する総合評価	評価しない	評価しない	評価しない	評価しない	評価しない

⑦二度と日本に対する核攻撃を防ぐ方法が核武装以外にないのであれば、核武装も止むを得ない
⑧選択肢として排除せず真剣に議論すべき
⑨国益を損なわないように慎重にやるべき
⑩日本の国益に合致した対応をすべき。単に制裁すればいいとは思わない
⑪ただし、売れ入れ体制を整える必要がある
⑫エネルギー政策の方向性を決めてからでないと判断できない
⑬原発賛成ではないが、当面は再稼働が必要

【お詫びと訂正】

『維新と興亜』第13号の特集「議席を狙う保守政党徹底比較」のアンケート結果（30、31頁）において、誤りがありました。ここに謹んでお詫び申し上げますと共に、下記のように訂正いたします。

30頁　「対ロシア制裁」についての日本第一党の回答
「賛　成」（誤）→「どちらでもない」（正）

31頁　「外国人への永住権付与」についての参政党の回答
「緩和すべき」（誤）→「厳格にすべき」（正）

	維新政党・新風	一陽会	参政党	新党くにもり	新党やまと
皇位継承	男系継承を守るべき	男系継承を守るべき	男系継承を守るべき	男系継承を守るべき	男系継承を守るべき
憲　法	現行憲法を破棄すべき	自主憲法を制定すべき	自主憲法を制定すべき	自主憲法を制定すべき	自主憲法を制定すべき
日米安保条約	反対	反対	賛成（①参照）	賛成（②参照）	反対（③参照）
日米地位協定の抜本改定	賛成	賛成	賛成	賛成	賛成
自衛隊の在り方	国軍改編	国軍改編	国軍改編	国軍改編	現状維持
日本の核武装	賛成	賛成	⑥参照	検討すべき	反対
対ロシア制裁	賛成	賛成	⑨参照	⑩参照	賛成
政府の経済政策	評価しない	評価しない	評価しない	評価しない	評価しない
反緊縮財政	支持	支持	支持	支持	支持
消費税	減税すべき	減税すべきに近い	減税すべき	減税すべき	減税すべき
水道民営化	反対	反対	反対	反対	反対
主要農作物種子法廃止	支持しない	どちらでもない	支持しない	支持しない	支持しない
非正規雇用の拡大	反対	反対	反対	反対	反対
外国人労働者の受け入れ拡大	反対	反対	反対	反対	どちらかと言えば賛成（⑪参照）
外国人への永住権付与	厳格にすべき	厳格にすべき	緩和すべき	厳格にすべき	現状のままでいい
原発再稼働	賛成	賛成	⑫参照	賛成	反対
ワクチン政策	どちらでもない	評価しない	評価しない	評価しない	評価しない
小児ワクチン接種	どちらでもない	反対	反対	反対	反対
ヘイトスピーチ規制	反対	反対	反対	反対	どちらかと言えば反対
岸田政権に対する総合評価	評価しない	評価しない	評価しない	評価しない	評価しない

①全面的に反対ではないが、日米関係の見直しが必要
②当面は必要だが、自前の国軍を作って米軍の撤退に備えるべき
③どちらかと言えば反対。当面は日米安保に頼らざるを得ないが、日本の主権が維持できるような形にする必要がある
④対米自立を目指すが、当面は維持する
⑤日米の対等性を高めなければならない
⑥将来的には核武装が必要だが、今やることはリスクが大きい。基盤を作ってから動くべき

自民改憲案の落とし穴—帝国憲法復元改正論を再考せよ！

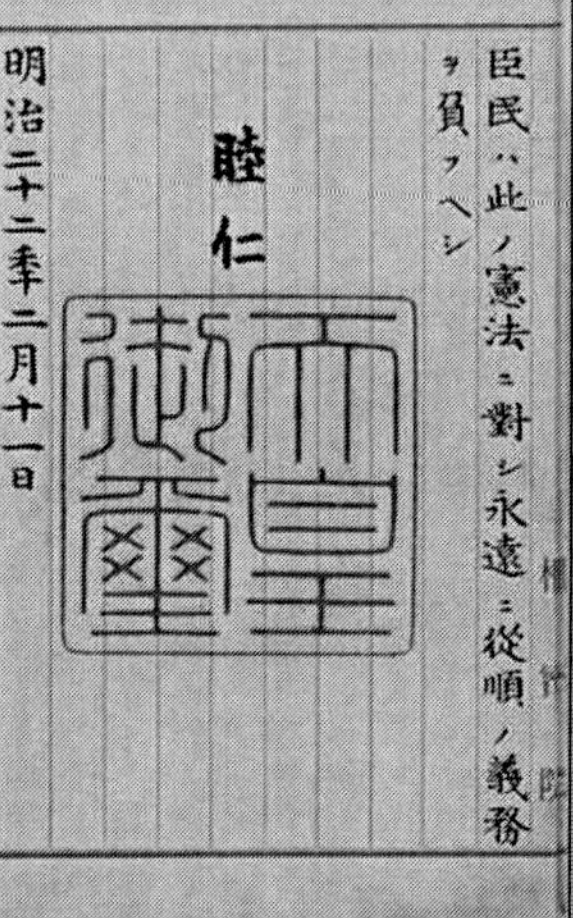

臣民ハ此ノ憲法ニ對シ永遠ニ從順ノ義務ヲ負フヘシ

睦仁　天皇御璽

明治二十二年二月十一日

内閣總理大臣伯爵黒田清隆
樞密院議長伯爵伊藤博文
外務大臣伯爵大隈重信
海軍大臣伯爵西郷従道
農商務大臣伯爵井上馨
司法大臣伯爵山田顕義
大藏大臣兼内務大臣伯爵松方正義
陸軍大臣伯爵大山巖
文部大臣子爵森有禮
遞信大臣子爵榎本武揚

岸田文雄首相は6月18日、憲法改正について「喫緊の課題だ。できるだけ時間をかけずに国民に選択していただく機会をつくるべく国会も努力しなければいけない」と述べた。一方、共同通信社が今回の参院選の立候補予定者を対象に政策アンケートを実施したところ、岸田政権下での憲法改正の是非について「どちらかといえば」を含む賛成が50・1％で、反対の46・6％をやや上回った。参院選で維新の会が議席を増やせば、改憲論に勢いがつく可能性もある。

しかし、対米追従を続ける現在の自民党主導の改憲によって、わが国の自立性は高まるのだろうか。むしろ、戦後体制の強化につながるのではないか。しかも、自民党が提案している「憲法9条1項・2項を残しつつ、自衛隊を明文で書き込む」という改正案には大きな問題点が潜んでいる。

現行憲法前文の全削除を大前提とする自主憲法の制定や、現行憲法無効宣言による大日本帝国憲法復元改正について改めて考えるべきときなのではないか。

まず前文全体を削除せよ

伝統文化研究家　原　嘉陽

現憲法の無効を確認するか、「前文」全体を削除した上で九条を是正しなければ、日本は永久に自立できない。また、新皇室典範の是正やグローバル化による国家消滅危機の防止などの護国運動も、同時に進めねばならない。

なぜ「自主憲法制定」と言わないのか

ロシアのウクライナ侵攻後の現時点で、日本の安全保障や防衛の問題も一層関心が高まり、現憲法九条を中心とする改正論も熱を帯びている様だ。しかし近年の自民党の様子は変だ。少し前までは「自主憲法の制定」が当然の眼目であり、スローガンだった。平成十七年には「自民党新憲法草案」が主要新聞でも公開され、そこには、新たな前文案も明記された。(その内容は、私には肯定できないが。) 少なくとも現憲法が自主的ではないとの認識があったのだ。憲法全体に自主性がないなら、その中の二、三の条文を変えたり、条文の解釈をいくら変えても、日本防衛の大義名分は高言できない。

軽々しい「改正」は占領憲法の永久正当化

今の政治界の感覚では、現憲法は平和（主義）憲法であり、だから他国からも侵略されない（だろう）という願望や、結局は日米安保条約があれば大丈夫なのだという希望が主流の様だ。だがそんな幻想は一瞬のうちに崩壊し得る。防衛の問題は現憲法問題でもあるが、それ以上に超憲法的問題である。別々にも論じなければならない。憲法的に言えば、要は国の自主・独立の問題だ。日本が占領されていた時期に何が起きたか、再確認を要する。

アメリカは広島・長崎への原爆投下という前代未聞の戦争犯罪をしでかして、日本を占領した。日本の軍人などは戦争犯罪者として処罰されたが、アメリカの戦争犯罪は黙認されている。そのアメリカなどの占領中、英語の原文をもとに、強制的に成立させられたのが現憲法である。

憲法とは、主にはその国の自主・独立宣言だろうが、被占領中、日本の国が「なかった」時に出来た憲法とは、一体何か？　それは独立宣言ではなく、従属宣言だった。小山常実氏は、「『日本国憲法』は属国化と滅亡が目的」と明説している。そのような事実を隠して、単に二、三の条文をあれこれ論じるだけの「改憲」は、歴史の真実を根本的にごまかし、「日本の真の独立の否定」を正当化してしまうのである。

「復元改正論」など、諸運動論について

それでは、憲法問題にどの様に取り組めばよいのか。現憲法が大日本帝国憲法（以下、帝国憲法）の改正という手続きにより成立し、その「改正」が不正、不当で無効であるなら、一度帝国憲法が復元し、その上で現代に適合する様に改めればよい、との論が大方の復元改正論だろう。これが正当的とは言えるが、「現憲法無効」が最も根本だ。その後、どの程度復元し、どの程度改めるかは、まさに議論百出するだろう。帝国憲法にほとんど復元すべきだ、との考えさえあり得る。

しかし現実の時流としては、最高裁判所は〈現〉憲法の番人を自称し、政治家や役人は「国民主権」を金科玉条として、自分個人、時には利権行政・政治を正当化している。彼等は憲法のプロであり、その偏見を是正するには、それなりの理論構築が必要だ。一方で一般国民にこの問題を訴えるには、複雑な法理論を論じるよりも、日本の長い歴史における政治（まつりごと）や社会のあり方から観た、帝国憲法と現憲法の比較が、分りやすいだろう。何より、現憲法成立の実態の明示が重要だ。また、「単純な改正の危険」を知らせるためには、自主（正統）憲法という言い方も良いのではないか。

「維新と興亜」誌に連載された、南出喜久治氏の「国体護持のための真正護憲論（新無効論）」は、緻密な法論理的展開による、貴重な論説だ。特に国際法との関連における解釈には説得力があり、渡部昇一氏も賛同していた。

言論界、政界での論議に力を持つだろう。全体的には柔軟性がある一方、国体護持、日本の伝統を守ろうとする志向は強固だ。「心のかけはし」誌平成三十年九・十月号には南出氏所論の「憲法臨時代用法の要諦（二）」があり、簡潔なまとめになっている。特に削除すべき所を列挙してあり、考察に役立つ。

しかし「維新と興亜」誌連載のものなどは概して専門的・高度であり、一般的学習テキストとしてはやや難しい。その点、小山常実氏著『「日本国憲法」「新皇室典範」無効論』（自由社ブックレット7）は、近代世界史的流れから、帝国憲法の成立、その特質をふまえつつ、現日本国憲法の成立の実態を分りやすくまとめているので、学びやすい。

現憲法・新皇室典範両方の無効確認が重要

現憲法は平和（を希望する）憲法的装いを持ち、また「人類普遍の原理」を強調して、その優越性を装っている。それゆえ若者などが一読すれば、賛同しやすいわけだ。その平和主義自体を否定する必要はない。ところがその平和主義という甘い砂糖をまぶしながら、この憲法が狙うのは、国民主権・民主主義・自由主義が「人類普遍の原理」、との絶対化である。つまり、憲法「前文」にすべてが集約されている。

私はすべての人々におたずねしたい。あなたは人類普遍の原理を説示できますか、と。少なくとも仏教・キリスト教・ギリシャ哲学などの思想に言及しないで、「人類普遍の原理」を論じることは不可能だろう。国民主権・民主主義・自由主義などは単なる近代政治思想の一つにすぎない。典型的な民主主義手続きによりドイツのヒトラーは独裁政権を確立し、第二次世界大戦が始まった。ここでは詳論できないが「主権」という言葉を国内政治に使うべきではない。それは国内の分裂・混乱をもたらす。主権とは、「他の国に対する」日本（自国）の自立権の意味で用いるべきだ。

最も根本的に考えるなら、日本には大日本帝国憲法以前に律令制度とも呼ばれる法制が存続した。それも当然ながら、民の福祉、公正な政治を目的としたものであり、天皇を中心とする政治的制度でもあった。帝国憲法は、それを改新的に受け継いだと言えよう。そこで、千年以上続いた明治以前の日本の歴史・政治が悪いものだったか、そうではなかったか、の検証が、帝国憲法及び現憲法の評価において必要になる。

これに関して、小山常実氏は次のように平易に説いている。

「日本国は、建国以来おおよそ2000年にわたって国家としての継続性を保ってきました。また、敗戦後71年間こそ怪しいですが、一貫して独立国であり続けてきました。世界的にきわめて珍しいことであり、誇ってよいことだと思います。／では、何故に、国家としての継続性を守り、独立国であり続けたのでしょうか。もちろん、島国のため外からの侵略が難しいという地理的要因もあるでしょう。しかし、最大の要因は、天皇を最高の政治的権威とする国体というものを維持し続けてきたことであると捉えることができます。／例えば、織田信長・豊臣秀吉・徳川家康による全国統一は、三英雄の実力とともに、天皇という政治的権威の力によって成し遂げたものです。16世紀末期から17世紀初頭の時期に日本全国を統一する政権がなければ、例えばスペインの植民地になっていたかも知れません。また、明治維新は、薩長土肥四藩の実力以上に、天皇という政治的権威の力によって成し遂げられたものであります。幕府政権から維新政権への転換がなされないか、この転換が1870年代以降にずれこんでいたならば、確実に日本は西欧米国の保護国または植民地になっていたと推定できます。日本人は、歴史を学びなおす中で、いかに天皇または国体というものが、日本国家の継続性、独立性を保障してきたか、再認識すべきであると考えます。……」

「国体」については、これより深い表現、解釈があるだろうが、公教育の教科書的にはむしろこの様な説明が適切だろう。小山氏は「国体とは、……〈日本国家の歴史上、万世一系の天皇が国家最高の地位にあり続け、国家権力の正当性・正統性を保証する最高の権威であり続けたこと〉を意味します。」と説明する。

憲法問題は、皇室典範問題と同時に、論ずべきものだ。もちろん、皇室に関わる言挙げは慎むべきことで、我々の先輩方も憲法は論じても、皇室典範については口が重かったわけだ。しかし今や、皇室典範の歴史的変転についても、正しい理解が重要になった。小山氏は「新典範」成立の経緯についても、的確にまとめている。少し長くなるが、大方の参考のために、引用させて頂きたい。

「こうして『日本国憲法』成立過程において、日本の国体を基本的に否定するという枠組みが、GHQと極東委員会によって作られてしまいました。また、GHQは「天皇財閥」なるレッテル貼りを行って徹底的に皇室財政を圧迫しましたので、もはや十一宮家の臣籍降下は必至となりました。

この枠組みと臣籍降下を前提にして、「新典範」が作られていきました。「日本国憲法」の審議と併行して、6月に設置された臨時法制調査会の第一部会で、7月から9月にかけて「新典範」の立案が行われていきます。そして、12月には「新典範」案が第91帝国議会に提出され、簡単な審議の上、原案通り可決されてしまいます。この間、第一部会の幹事たちは、少なくとも12回以上、GHQと連絡を取りながら、「新典範」の内容を決めていきました。

翌22年1月16日、「新典範」は法律として公布されました。その後、5月2日、旧典範が、皇族会議と枢密院の議を経て、天皇の勅定という形で廃止されました。翌3日、「日本国憲法」と「新典範」が、施行されました。そして、10月13日、「新典範」で作られた皇室会議は、十一宮家の臣籍降下を決定していったのです。

「新典範」の内容を見ると、皇室自治主義の精神は、かけらも存在しません。前述のように旧典範では、皇室の大事を審議する機関として、天皇を主宰者とし皇族を中心メンバーとする皇族会議が存在しました。これに対して、「新典範」では、皇族会議に代わって皇室会議が置かれることになりました。皇室会議には、天皇は参加できず、皇族は10名のメンバー中2名のみであり、残る8名は衆参両院の正副議長や内閣総理大臣らで占められることになりました。しかも、最高権力者の内閣総理大臣が議長を務めるのです。これでは、まさしく、皇室は、時々の権力者によって圧迫される事態となるでしょう。

神道の最高祭主という性格も、宗教と国家の徹底分離を説いた神道指令に拘束されて、否定されています。すなわち、旧典範にあった大嘗祭や神器継承の規定が消えてしまうのです。……」

日本国憲法前文の「世界的」欺瞞性

今、「国防」の重大性が改めて意識される状況になった。しかしそれは「国」とは何か、及び近代の世界情勢史、の観点と共に考えねばならない。特に日露戦争から大東亜戦争を経て、ついに帝国憲法が現憲法に変じた経緯の偏りない検証を要する。十九世紀、二十世紀、単純に民主国が平和勢力で君主国が侵略勢力、などとは全く言えない。日本の反省点もあるわけだが、それは主に大陸に戦線を拡大し過ぎたことであり、欧米に対しては基本的に植民地解放戦争だった。立憲君主制の憲法が悪かった、などと言われる道理はない。

大東亜戦時の世界情勢は、昭和二十年二月の「ヤルタ密約」を考えるだけでも明白だろう。民主（？）国アメリカ、独裁国ソ連、君主国（？）イギリスが日本を追い落とし、中国大陸の利権分配まで協議した。

「現行の日本国憲法前文の非合理性と非真理性を明らかにする」と題して、宗教家谷口雅春師が「理想世界」誌昭和42年6月号で論じている。その中で、「各々の国家には各々異なる個性あり国家理念があるべきなのに、アメリカ式民主主義に、チョッピリソ連的社会主義的なものを押しつけて、これを『人類普遍の原理』であると誇称するのである。……」と指摘している。その他、多々紹介したい指摘があるが、紙面の関係上、少しにとどめる。

「日本の降伏条件であったポツダム宣言を日本が受諾した結果、日本の民主化をポツダム宣言が謳っているから憲法改正の必要があったという人があるかも知れぬが、ポツダム宣言は明治憲法の下に於いても民主主義は行われていたことをみとめて、『民主主義的傾向の復活強化』という語句を録しているのである。実際明治天皇は五ヶ条の御誓文の中に於いて『広ク会議ヲ起シ万機公論ニ決スヘシ』と仰せられ、議会制度を定めるなど全く民主主義を実行せられたのであった。だから日本民主化のために明治憲法を改定するの必要はない……。」

憲法・皇室典範是正は、グローバル化による日本国家消滅を防ぐなど、諸々の維新活動と共に進めるべき

国際法が国内法に優越するなら、憲法があっても国は実質消滅し得る。今はすでにその危険がある。日本の自主・自立のための、以下の提言を御一読頂きたい。

新型コロナウイルス（以下、コロナ）騒動では、「ほとんど瞬間的に世界中で大流行となり、その後も多大な感染者、死者が続出……」という情報が世界中で拡散し続けた。そして各国が、「都市封鎖」といった荒っぽい統制を行ったことも事実だ。

しかしそれらの数字は、日本のマスコミではジョンズ・ホプキンス大学（アメリカ）の集計として出る。なぜW

HO（世界保健機関）から出ないのか。その数字は様々な意味で疑問だ。日本においてさえ、厚労省から「新型コロナ感染症の陽性者であって、入院中や療養中に亡くなった方については、厳密な死因を問わず『死亡者数』として全数を公表するように」との通達が出ているという。つまり他の病気の重症だった人でも、死亡時にコロナ陽性者ならコロナでの死亡者と言えるのだ。近藤誠氏著『新型コロナとワクチンのひみつ』には、この問題への的確な指摘がある。

そもそも、このコロナ風邪は、我々が近年多々経験していたインフルエンザ（5類相当）と大方同様のものだ。それを致死率が50パーセント以上というエボラ出血熱などと同じ、2類相当という、重大な感染症に指定したのが間違いなのだ。無用の大騒ぎが演出されたのである。

同じことは経済の分野の二酸化炭素排出禁止論や、デジタル化万能論にも言える。これらは「生命」、「環境」や「資源・エネルギー」、「人間的社会の在り方」に関わる問題で、緊急的対応は別として、根本的には人間の免疫力（生命力）や地球環境の保全を国ごと、地域ごとに実現する対策が必要だ。感染症拡大も環境破壊も、都市文明の進展や都市の過密化と大きく関わる。また、本来各国は、外国から危険なモノが極力入らないよう、厳格な国境出入管理を要する。総合的に言えば、国の自主、自立が重要だ。

「自主・自立日本」実現の推進

1　緊急時に国内で対応できる、保健・防災など危機対応体制の確立

2　食物など農林水産生産物の地産地消、国産国消優先の法制

3　外国からの違法・有害情報などを防止する、日本のデジタル主権の確立

4　外資、外国人の、日本の土地所有の原則禁止

5　「省エネルギー」を中心とする、原発にたよらない持続可能な質実経済の再建

6　（日本の主要作物生産を守る）種子法の復活

7　英語教育偏重、郵政民営化、大店法、TPPなどの是正

以上を推進しつつ、同時に日本の自立を自分で否定する、現日本国憲法前文の、全削除を大前提とする、自主憲法の制定を実現する。

『美しい日本の憲法』という前に、正しい日本語の憲法を（一）

おでこに書かれたアメリカ製の文字

平成国際大学名誉教授　慶野義雄

技巧派投手の出現

最近、朝日テレビの番組で日本国憲法前文が名文であるとコメントしている女流評論家を見かけたがこの方の実名は伏せる。その方は作家、エッセイストを名乗っているので、その方の言語感覚、言語能力がどうなのかと疑うのはあまりにも気の毒だからである。

当該女史は、所謂進歩派の方であり、平和憲法の信奉者であり、自衛隊の海外派遣などはもっての外だという意見の方である。最近、スターリンの信奉者であり、強烈な民族主義者であるロシアのプーチン大統領の軍がウクライナに侵攻し、非道な殺戮と略奪を繰り返している。そのことに関し、自分は小さい時から憲法の平和主義を学び、特に前文などは大変な名文であり、ずっと心に刻んできた、プーチンはこのことに気づいてほしいという文脈であったように思う。日本国憲法によってプーチンの行動を規制できるかは別として、これは伝統的な、あるいは、オーソドックスな前文理解と言ってよいだろう。

ところが、近年、保守陣営に思わぬ変化球を投げる者が出てきた。小泉純一郎元首相は、自衛隊の海外派遣に関し、前文の「われらは、平和を維持し、専制と隷従、圧迫と偏狭を地上からから永遠に除去しようと努めている国際社会において、名誉ある地位を占めたいと思ふ」という文を根拠に自衛隊派遣を正当化したのである。安倍元首相なども小泉元首相に続いて前文をたよりに積極的平和主義を唱えている。

『無傷』で残ったアメリカ製の憲法前文草案

日本国憲法の草案は、ＧＨＱの民政局によって八日間で作られた。いわゆるマッカーサー草案である。日本側は、マッカーサーの示唆により、二つのルートで改正案作りを進めていた。ひとつは近衛内大臣のもとで行われ佐々木惣一元京大教授が協力者であった。一つは内閣ルート、松本国務大臣が中心であった。占領下で憲法改正を強制するのは国際法違反であり、示唆というよりは、実際は指示、または命令であった。しかし、近衛ルートは近衛が戦犯に指定され自決し日の目をみなかった。松本烝治国務大臣ルートについては、試案の一つが毎日新聞にスクープされたことなどからＧＨＱが自ら憲法草案つくりに着手した。

松本は昭和二十一年二月八日に日本政府案を提出した。その五日後の二月十三日ＧＨＱのホイットニー准将、ケーディス大佐等四名が外務大臣官邸を訪れ、日本側吉田外相と松本憲法担当大臣との会談が設けられた。日本側は、てっきり松本案への回答のための訪問と考えていたところ、日本案は受け入れられないとして、いきなりＧＨＱ内部で即製されたマッカーサー草案が手交された。松本が五日前に提出したときにはすでボツにすることに決まっていたのである。日本側は、ＧＨＱの掌返しに呆然とするとともにマッカーサー草案の内容に驚き、また、妙な前文がついていることにも呆れ果てた。憲法のはずなのに、文学書のようなことが書いてある。

ホイットニー准将は、日本案を通すことは自由だがそれではマッカーサー元帥が極東委員会から天皇の身体を守ることができなくなるだろうと述べた。天皇の戦犯としての訴追をちらつかせて脅迫したのである。ＧＨＱは、松本に、ＧＨＱが示した草案に準拠して日本政府案を作るように指示した。その際、多少の字句の調整は構わないが、基本原則と根本規範は変えないようにという条件が付けられた。天皇訴追という卑怯な脅迫に屈し、方針転換を余儀なくされた幣原内閣は、閣議に付す資料として草案の外務省仮訳を作らせた。これは性質上できる限り原文に忠実な和訳である。

先に述べたように、松本大臣は、民政局職員が即席で作った草案に技術的に調整を加え、日本法令の形式にあった草案として完成するという役割を強いられた。素人が書いた奇妙な文学もどきの前文原案を、一流の法学者である松本大臣がどう日本国憲法草案に組み込むのであろうか。しかも、ＧＨＱからは大きな部分は変えないようにと釘を刺されている。松本はこの草案から前文を削除した。民政局からは激しい抗議があった。松本はけろりとして前文を手付かずで復活させた。その本音は松本にしか分からないが、あえて代弁すれば、こんなバカとは付き合っていられないということか。あるいは前文草案はどうにも手の付けられない代物であったということかもしれない。前文に関しては、帝国議会に提出されるまで、政府案はマッカーサー草案の外務省仮訳のまま『無傷』で生き残った。

おでこに書かれたアメリカ製の文字

こうして、法律学者松本国務大臣による「前文カット」かつ「全文カット」の難を逃れたマッカーサー草案の前文は、その後、衆議院憲法改正委員会にかけられる。興味本位になるが、憲法全体や前文の性格を知る上で参考になるので秘密会で行われた同委員会の小委員会（いわゆる芦田委員会）での委員の発言の一部を紹介する。

第二回小委員会（昭和二一年七月二六日）

「今あるのは（註 政府案前文を指す）文章が不明瞭で長たらしいので、我が党ではもっと崇高で明確な文体に書き換えたいと願っています。ということは、英語の原文から離れることになるのですが、それは認められるのでしょうか。」（鈴木義男委員 社会党）

「我々が前文の修正に対する態度を見ていると、英文の原文から翻訳し、それを磨き、修正し、訂正しているという印象を受けるのです。」（森戸辰男委員 社会党）

「（法制局長官が）『憲法は日本語で書かれた』と主張していましたし、『政府はそれ以外に英文で書かれた憲法があるとも信じていない』と語っていました。そして、『この私の公式発言を心にとめて小委員会は草案を吟味してほしい』と。それ故、小委員会の委員の一部の諸君が『誤訳がある』と批判されたり、あたかも英語の原文が背後にあるかのような口ぶりで話され、『日本の憲法は外国から与えられた』という（・・・）態度をとることは軽率だ・・・。」（鈴木義男委員 社会党）

「原文は英語で書かれているとか、英文に沿って審議すべきだとか、私を最後としたいと思いますが、一言申し上げたいのは、我々の子孫が新憲法は何とだらしのない書き方か、と思いかねないということです。・・・私はたまたま英文を見る機会がありましたが、英文の方は少なくとも部分的には威厳があり、

完璧です。」(笠井重治委員　無所属倶楽部)

引用が長くなったが重要なことをまとめると次の二点になろう。一つは、前文が冗長で、かつ、不明瞭であるという点である。翻訳調で(実際百パーセント翻訳なので仕方がないが)、まともな日本語になっていない、多少意訳して日本語らしくしていいか、それとも、英文の構文を活かして、文理の通る文章にしてもよいか。要するに、酷い悪文であるということである。

第二には、戦後第一回目の民主的な総選挙で選ばれた選良たちによるとは到底思えないような醜悪な議論が交わされていることである。草案がアメリカから下げ渡されたという事実を国民に対し、しかも孫子の代まで、いかに隠蔽するか、各委員が一致協力している。しかも、法制局長官までグルであった。これでは議会の委員会ではなく、いかに国民を騙そうかと謀議する犯罪者の集団である。国家の将来を考える議員集団ではなく、裏切り者、売国の輩、ギャングの謀議に見えてしまう。あえて長い引用をしたのは、委員達の裏切り行為を正確に伝えるためである。

前文の国語的考察

「日本国民は、正当に選挙された国会における代表者を通じて行動し、」で始まる前文冒頭の一文は、五つの文が結合されてできており、主語は一つで、述語(動詞)は五つある。最初の動詞「行動し」と二番目の動詞「確保し」と三番目の動詞「決意し」、さらに四番目の動詞「宣言し」、五番目の動詞「確定し」の関係はどうなっているのか全く分からない。厳密にいうと一番と二番の間に「もたらす」。一番と三番の間に「起る」三番と四番の間に「存する」があるので計八つの動詞がある。これらの文の関係がどうなっているのか和文では分からない。国民が、正当に選挙された代表を通じて行動することを宣言し、確定するのか、それとも、国民が、正当に選挙された代表を通じて行動した結果この憲法を宣言し、確定したという事実をいっているのか、分からないのである。前者であれば、日本国民は正当に選ばれた代表者を通じて行動しなさいという規範性をもつことになる。英文のacting throughという分詞構文をみて初めて後者だということ、すなわち、国民が、正当に選挙された代表を通じて行動した結果、この憲法を宣言し、確定することになったという事実を述べる表現であることが理解できる。ただし、この憲法を定めるのは帝国議会である。帝国議会は、衆議院と貴族院の二院制である。帝国議会は勅撰議員からなるので正当に選挙された国会における代表者を通じて行動したとはいえない。つまり、日本国憲法は前文冒頭から嘘を述べていることになる。

帝國憲法には前文はなく、代わりに上諭が付けられている。上諭には憲法を制定するに至った経緯が簡潔に述べられ、この憲法が将来にわたって遵守されるべきことを述べた制定宣言であり、改正に当っては必ずこの憲法に定めた手続きによるべきことが述べられている。新憲法の前文は、四文節からなり、全体で十の文で構成される。さらにすでに検討したように、冒頭文が少なく見ても五つ以上の文の複合文であって翻訳文になると全く意味が理解できなくなる。なお、前文第一文において、「決定し」、「宣言し」、「確定する」と三つも動詞をつなげているのは、合衆国が連邦国家であって、一定以上数の州国家の同意がなければ確定しないというアメリカの事情によるものと思われる。

合衆国憲法には前文があるが、日本の新憲法前文とは正反対にむしろ簡潔である。合衆国憲法前文は、「我々合衆国国民は、アメリカ合衆国のために、より完璧な連邦の形成を期して、法的正義を確立し、国内の平穏を保障し、共同の防衛に備え、福利を増進し、われら自身と子孫に自由の恩恵を保障するために、この憲法を制定し、確定する」とたったの一文である。連邦国家でない日本なら、さらに相当部分がそぎ落とせる。日本が米憲法をそのまま真似れば、「日本国民は、法的正義、治安と防衛、国民の福利と自由の実現を願い、国家のためにこの憲法を制定する」で全てが言い尽くされる。さらに、目的として示される内容自体が憲法の存在理由であるからそれさえことさらいう必要はないともいえる。

橋本育弘氏によれば、日本国憲法前文が、合衆国憲法、国連憲章、マサチューセッツ州憲法、ワシントン演説、リンカーン演説、テヘラン宣言、コネチカット基本法前文、マッカーサー・ノート等々と語彙、構文が完全に一致しているという。氏は前文全体について出典を詳細に調査し、チェックしているので間違いない。つまり、日本国憲法はこれらの文書の切り貼り（コピペ）であるということである。

コピペ文、支離滅裂な長文を名文と感ずるかどうかは個人の感想ではある。前文第一文に、勅撰による貴族院議員が審議に加わって審査した憲法なのに、正当に選挙された代表者を通じて行動しというのは嘘ではないかという批判についても、前文は規範を定めるものであって、国民は代表者を通じて行動すべしという議会制民主主義の理想を述べただけであり多少事実に反しても問題ないとの反論があるかもしれない。憲法自体が平和と民主主義を実現するための宗教であり、前文は平和教のお念仏である。お経や念仏は何万回も唱えているうちに自然に名文、名文句に聞こえてくるものだ。

余計なことを付け加えれば、宗教的感情は、平和や自由、愛といった肯定的な言葉だけではなく、憎悪や怨念といった否定的な言葉によって増幅される。『政府による行為によって再び『戦争の惨禍』が起こらないようになどという詫び証文、謝罪文的な言葉が入れば効果は抜群である。前文は、ＧＨＱの「戦争の罪悪感を日本人に植え付ける計画」（ウォーギルトインフォメーションプログラム）の最前線的な役割を担ったのではなかろうか。

私の意見としては、前文は削除すべきであると主張したい。前文、九条一、二項は全文削除すべきである。ただ、前文には一定の効用はある。（憲法のおでこに当る）前文には外国製というレッテルが貼られており、国民が、この憲法が外国製であることを常に自覚できる。前文の改正は九条全部削除のあとでもいいのではないか。削除は、ＧＨＱ製の不当な条項が全て改正されたときでもよいのではないかという考えもよぎる。

私はかねてより、九条一、二項は全文削除すべきだと主張してきた。それは、安倍元首相の一、二項を残して自衛隊保有の明記という提案とは正反対である。自衛隊という言葉を憲法の中に書き込んでも、その任務が軍隊のそれであることを明瞭にしない限り、自衛隊の明記とは単なる言葉遊び、欺瞞にすぎない。そうした欺瞞に何度もだまされてきた。例えば、安倍氏は、自分の選挙活動に桜をみる会を利用した公私混同事件では、参加者を「広く募った」が「募集した」ことはないと開き直った。自衛隊『明記』という言葉は、それと同様な国民を誑（たぶら）かす安倍語、アベマジックである。九条三項、九条の二に、いかなる但し書きを付けようとも、自衛隊と『明記』しても、自衛隊が戦力か否か、軍隊か否か、ますます不明瞭となり、九条解釈論争に終止符を打つどころか、新たな論争を生み出すだけである。『明記不明瞭』に付き合っている時間はない。

保田與重郎から読み解く維新の源流 ①

明治維新の歴史的意義

義仲寺（滋賀県大津市）：木曾義仲、松尾芭蕉、保田與重郎が眠る（筆者撮影）

歴史学者　倉橋　昇

はじめに

明治維新とは何であったかと考える時、今では殆ど顧みられることのない視点がある。アジアの視点である。そもそも明治維新は西洋列強から我が国の独立を守るということから始まったものであり、ならば西洋列強に支配されていたアジアとも無関係である筈がない。事実、明治の御代は岡倉天心という人物を生み、彼の説く「東洋の理想」は日本を代表する精神となった。これは明治維新と「東洋の理想」が思想上の系譜で繋がっているからである。そしてそれは、「大東亜戦争」まで行き着くことになる。大東亜戦争のアジア解放の側面に光が当たることに不都合を感じる歴史学者は、当然、このアジアの視点から明治維新を評価しようとはしない。そのような学者が研究する歴史は必然、西洋中心の歴史観に基づくものである。

従って、我が国が固有の史学を回復し、明治維新の歴史的意義を考える時、その見方、述べ方は大いに変わってくる。もちろん、西洋由来の近代歴史学でも、ある程度明治維新の意義を評価することはできるだろう。だが、そこには限界がある。明治維新は我が国の古の風儀の回復を意図したものであり、「近代化」を目指したものではないからだ。いくら物質面では「近代化」が進もうが、明治維新の精神は西洋近代の枠組みに収まるものでは決してなかった。つまり、「近代」に収まることのないその精神を語らねば、日本の歴史は語り得ず、明治維新の意義も見失うことになるのである。

この近代の問題を考える上で、必ず通らなければならない道がある。保田與重郎が明らめた古の道である。保田は奈良県桜井市の生まれで、昭和の国学者と呼ぶに相応しい文人であり、まさに大和の精神を体現した人であった。日本の濫觴（らんしょう）の地に育まれたその精神には混じり気がなく、純粋なるやまと心の持ち主であった。筆者は、自分の目と心が漢心（からごころ）に曇った時、必ず保田の書に立ち返るようにしている。

保田が今に伝えたその精神は、本居宣長と松尾芭蕉から受け継いだものである。保田はこの二人によってやまと心の源流を確信し得た。ここに保田の伝えの真髄がある。保田は「歌ごころ」にやまと心の本流を見たのである。保田はこれを「言霊の風雅」と呼んだ。この連載では、「言霊の風雅」とは何か、またどのような形で日本精神の底流となっているのかを述べていきたい。

保田門下の端くれとして、保田與重郎の説いた風雅の道を少しでも多くの世の若人たちに知ってもらいたいと思い、筆を起こした次第である。

明治維新と国学

本稿のテーマである「明治維新の歴史的意義」を論じる前に、まず、保田が受け継ぎ伝えた国学とは何かを説明しておく必要があろう。

国学者とは、江戸時代に真に独自の見地から日本思想の本質に触れた人々であるが、その目的は我が国の歴史の精神を明らかにすることであった。それは儒教系の改革派や室町時代以降の神道系の学者とは一線を画するものであった（保田與重郎「賀茂真淵」）。これについて保田は次のように説明している。

> 後世のものや、近世のものを一掃し、人ごころをきはめて神と一つにあらうとする努力の、学問的な現れが国学であつた。（中略）近代人と化した人心を、如何にして神ながらにかへすかといふことを、外に考へ内に念じた学問である。しかもその神ながらのものこそ、現在に生きてゐる臣子の生命の根底であるといふことを、さらに明らかに意識せしめ、これを生命の充実した形で意識することが、この学問の目的であつた（「日本女性語録」）。

神と一つにあろうとする「神ながら」の精神では、言葉が理屈として語られる「言挙げ」が排され、内心の神のものに触れる言葉を尊ぶ。これが言霊の道、即ち歌の道と呼ばれるものだ。つまり、保田曰く、歌は人心と神が一つになった状態で生まれるものであるが、神と一つになろうとする努力の上で学ばれる一面も持ち、「人が神と一つのものに結ばれる橋」でもある（同）。つまり、神と一つに結ばれたいというこの祈念こそが我が国の根本ということであり、国学者が歌を詠むのはごく自然なことなのである。

国学の二大巨頭、賀茂真淵も本居宣長も当然、歌を詠んだ。だが、二人には歌に対する考え方に多少異なるところがあった。保田は、宣長が伊勢の生まれで上方の教養に親しんでいたことに着目し、次のように述べる。「上方の詩文上の教養といふのは、平安文学を通じて、宮廷に帰依する志を美しく描いてきた伝統の詩人の文化の心持をいふのである」（「本居宣長」）。事実、真淵は万葉の丈夫ぶりを好み、宣長は王朝の風雅を好んだ。そして、この王朝の風雅を受け継いでいた人に芭蕉がいたことに保田は気づいた。芭蕉と宣長の言霊の風雅に、絶えることなき古の神の道つまり日本精神の一筋の道を見たのである。

明治維新とはつまり、この古の神の道を今に回復し、民族を更生することであり、国学こそがその原動地盤であった（同）。そして明治の御代にこの国学の思想を受け継いだは岡倉天心であった、と保田は見た。天心は美術の大家、文人、そして詩人であった。その創造的な思想は情勢論などではなく、神話―現実を生む精神の神話―であった。人々はそこにアジア回復の原理を見た。わが国学が興した攘夷の精神を見たのである。ここでいう攘夷とは、覇道を攘つものであり、単なる鎖国論でも排他主義でもない。また、儒学者が説いたような大義名分論から覇道を否定し、これを攘つということとも異なる。ただ「東洋の理想」という神話があるのみである。これは、「ただものにゆく道こそあれ」と説いた宣長の心と同じである。精神の一筋の道である。保田は次のように天心を激賞した。

天心は明治最大の思想家である。又最大の詩人であつた。最も識見の高い志士であつた。さうして最大の預言者であつた。彼はアジアが一つであること、アジアの未来がアジア自身の中に蔵されてゐることを云うた。さうしてアジアが自身の力で、九死より回生する神話を、アジアの中にさし示した。彼の思想は預言であったが、それは神話である。彼は外よりくる力に向ふために、アジアは一つであらねばならぬといふ情勢論を考へたのではない。彼はアジアが一つであるといふ神話によつて、アジア自身によるアジアの勝利を説いたのである。それは預言であり、神話である(「岡倉天心」)。

明治維新を成し遂げた精神は、斯くして岡倉天心に受け継がれた。彼は政治家でも官僚でもなく、在野の文人であった。これこそ日本の志士の形である。保田はこの精神を天心から受け継いだ昭和の国学者といえる。

世界史の大転換

当然、保田は西洋近代を覇道、漢心として否定する。保田は『絶対平和論』の中で、西洋人は「近代文明の見地から、アジアを野蛮と考へ、近代文明上の後進国と呼び、ここに近代文明を持込むことを、神聖な文明の闘ひだと称し」、「本当の文明の精神と理想を了解してゐない」と喝破した(「絶対平和論」)。これは、同時に、西洋列強に立ち向かう為に成し遂げた明治維新の精神は、西洋近代文明に戦いを挑む宿命を背負っていることも意味する。つまり、日露戦争も大東亜戦争も明治維新の精神の流れの上で必然のことであったのだ。この二つの戦争で我が国が払った犠牲は甚大であったが、結果、世界史を変えた。

大東亜戦争以後にアジアとアフリカの諸国が独立を回復するまで、世界とは西洋を意味し、世界史とはすなわち西洋史であった。十八世紀以後、この「世界」と「世界史」が長らく続き、そこに成立した西洋近代文明は永遠に続く絶対的なものであるとさえ考えられた。この既成概念に革命をもたらしたのが、二十世紀に日本が戦った日露戦争と大東亜戦争だったのである。保田は「明治維新とアジアの革命」の中でこの十八世紀以後の世界と世界史概念の変革の第一の契機こそ明治維新であったと、その意義を明らかにし、その上で歴史の見方を次のように説明している。

我々は明治維新の、精神と魂、さらに具体的な生命を問題とする。生命のない歴史的事実を問題とするのではない。歴史的事実の生命を考へるのである。これは人間を中心にした歴史の見方である(「明治維新とアジアの革命」)。

明治維新がもたらした述史の意義は大きい。西洋近代に於いて生まれた歴史学は、そもそも精神と魂、すなわち神話というものを認めていない。だが、日本の理想、アジアの理想は神話にある。当然、神話から続く歴史の見方は人間中心であり、そこには理想と精神がなくてはならない。それこそが道義である。歴史は唯物論的であってはならず、また、そのような解釈では本質を見誤ることになる。

それ故、保田は戦後の歴史教育が唯物史観に基づき国と人間について何らの配慮もしていないことを指して、「人間を認めない時に歴史などある筈がない」(同)と喝破した。そして、次のようにも述べた。

わが国民生活の本体であつた農に於ては、その所謂歴史といふものは殆どないのである。農といふものは永遠であり、無常でない。流転しない。永遠とか天壌無窮といふ思想と観念は、農といふものの実体と信念と現実を表現したものと考へられる。だから農民には生活の伝統はあるが、所謂歴史といふものは殆ど成立しない(同)。

これが伝統と歴史の違いということになる。人間を中心とした歴史の見方とはつまり、人間の精神と生命を扱うことである。この立場に立たなくては、明治維新からアジア独立の為の大東亜戦争まで、志士たちが散らした無数の生命によって一筋の精神で繋がっていることを理解することはできないであろう。

大東亜戦争の悲劇

斯くして二十世紀はアジア独立の世紀となったわけだが、大東亜戦争に日本は敗れた。これを悲劇というのではない。保田も「文明恢弘の原理と条件が、戦争の勝敗と別のところにある所以を知つた反省は、希望の情熱の原因となつた」(「歴史の信実」)と述べている。大東亜戦争の悲劇は日本が敗れたことではなく、日本が分裂したことにあった。それは大東亜戦争に対する希望や目的に対して国民の間に生じた、精神の次元での分裂であり、保田をして、この「雲泥の差」をなした思想の分裂は、有史以来、古今東西を通じて例がないとまで言わしめたほどであった(同)。その分裂について保田は次のように述べている。少々長くなるが重要な見方なのでそのまま引用したい。

日露戦争に臨んで、国民同胞が、一つにした心情は、大東亜戦争では見ることが出来なかつた。我々が大東亜戦争によせた思ひは、明治維新の底流をなし、文明開化時代の日本の深層で、ひたひたと流れてゐた文明の信実であつた。欧米の繁栄をアジアが奪取するとか、奪はれたものを取りかへすとか、世界資源の分配を公正化するといつた、欲望面の目標ではないものである。我々の期待は、近代を終焉せしめ、東洋の道義を文明として恢弘するといふ考へ方であつた。皇道派といはれた青年将校の心情には、かうした反近代のアジアの心が漠然とあつたやうである。統制派といはれた者たちとの間の、本質的、感覚的な異同であつた。そして体現された歴史のちがひであつた（同）。

近代か反近代かで見れば、統制派の精神は明らかに近代に属しており、これへの保田の批判も当然である。だが、この分裂の悲劇は明治維新以後、我が国を蝕んできた西洋化の当然の帰結ではなかったか。

さらに、この分裂は日本の対支那政策にも現れた。大なるアジアの文化、道義の恢弘を念じながらも、日本人は支那人と争うこととなった。ただ、分裂は支那人の側にもあった。中国にも支那文明の理想というものがあり、保田は、それは先王の道を恢弘する志と文人の深底の気質に基づくもので、それは我が国の皇神の道義と親和性があると見ていたが、同時に、ただ利を求めて卑下して交わることは争いの因を作るだけであるとも見ていた（同）。つまり日中の争いは、「道義」が「利」に敗れたことを意味している。これが近代の実相なのである。

結び

「利」に敗れた「道義」の恢弘は未だ成されていない。それを成すことこそが維新であるが、それには先ず、道を伝える精神を持たねばなるまい。これを明め伝えるものが歴史である。道義の恢弘が成されないことに失望してはならない。東洋の道義は「隠忍」の歴史であり、敗れた英雄の悲劇は詩人が伝えてくれると保田は述べている（同）。明治維新の意義はその詩人の歌に現れるのである。

天皇を戴く国

「八紘為宇」の母体（五）

元衆議院議員　西村眞悟

期せずして蘇った「日本の源像」

先に、世界政治思想史上の奇跡と思える「仁徳天皇の詔」を記した。では、初代神武天皇とその御創業に掲げられた「八紘為宇」は、如何にして生まれて来たのであろうか？　この志と詔をささえる日本の情感もしくは精神的確信の源泉が、何処（いずこ）にて醸成されたるかと思いを巡らせば目眩がする。

昭和三十年代から始まる我が国の高度経済成長と日本列島改造期は、我が国の全国津々浦々の国土を、道路建設や住宅地造成や工業団地造成で掘り返した。同時に、我が国の唱歌や叙情詩に詠われている懐かしい町並みや里山の風景を破壊した。しかし、この時、期せずして、我が国土から、三万五千年前からの旧石器時代遺跡が約一万五千箇所、一万五千年前からの縄文時代遺跡が、内陸部の縄文集落遺跡だけでも約八万八千箇所が現在に甦っていたのだ。

特に、正確な年代識別ができる関東ローム層地域で、旧石器時代の世界最古の磨製石器（石斧）が数多く見つかり、それが東北から九州にまで分布していることが分かった。また、青森県の大平山元遺跡からは世界最古級の一万五千年前の土器が見つかった。持ち運びに不便な土器が見つかるということは、人々が縄文草創期に「定住」していたということだ。さらに、北海道の垣ノ島遺跡からは、世界最古の漆塗り装飾品が発見された。そして、発掘された縄文期の多くの人骨を精度の高い方法で調査した結果、六十五歳以上の人が三十二・五パーセントもいたことが明らかになった。このことは、当時の世界で、日本列島が、世界最先端技術をもち世界最古の定住生活をする世界最長寿の人々が住む地域だったことを示す。しかも、この太古の日本列島の姿は、昭和三十年代まで我々の眼前にあった。列島改造とは、我々の眼前にあった懐かしい「日本の姿」を破壊したが、縄文期という「日本の源像」を国土のなかから甦えらせたのだ。少年の時から縄文時代に興味をもち、世界遺産となった三内丸山遺跡を始め多くの縄文遺跡の発掘にあたった縄文研究者の岡村道雄氏は、次のように述べる(同氏著「縄文の日本列島」山川出版社)。

「学問的な時代区分である縄文時代は終わっても、縄文的生活文化は、地域や都市と村、海や山などでの違いがあって、変質の程度もさまざまであるが、昭和三十年代からの高度経済成長、列島改造などまでは色濃く保たれていたことを強調したい。」

つまり、我々日本民族は、縄文時代からの連続性を維持しながら、現在を生きている。

さて、私は、机上で縄文期を調べつつ、昨年(令和三年)の晩秋、北の青森の三内丸山遺跡と八戸の是川縄文館を訪れ、本年春、南の鹿児島の霧島市国分上野原にある上野原縄文遺跡を訪れた。調査に行ったのではなく、縄文の森と集落のなかに佇みにいったのだ。そしてその時、平和な、のどかな村に来ているような、無限の安らぎを感じた。また、発掘されたみずみずしい赤い漆の櫛やかんざし、そして腕輪やネックレス、さらに漆を塗った糸で編んだポーチを展示室で見てきたせいだろうか、目の前を、長い黒髪を櫛で整え、かんざしを挿し、漆のネックレスをした縄文の乙女達が、赤い漆のポーチを持って衣の裾を風になびかせながら、楽しげに颯爽と歩いているような幻想に囚われた。この北東北の縄文の集落のなかにいるときに私を包み込んだ情感は、遙か南の鹿児島上野原遺跡にいた時も同じだった。

ここで、昨年、北海道・北東北の三内丸山遺跡ら十九の遺跡群が世界遺産に相応しいとした評価を、次の通り記しておきたい。

「北海道・北東北の縄文遺跡群は、一万年以上もの長期間継続した狩猟・漁労・採集を基盤とした世界的にも希有な定住社会と、足形付土版、遮光器土偶の考古遺物や墓、捨て場、盛土、環状列石等の考古資料で明らかなように、そこで育まれた精緻で優雅な精神文化を伝える類いなき物証である。／北海道・北東北の縄文遺跡群は、定住の開始から、その発展、最終的な成熟に至る迄の集落の定住の在り方と土地利用の顕著な見本である。／縄文人は農耕社会に見られるように、土地を大きく改変することなく、変化する気候に適応することで、永続的な狩猟・漁労・採集の生活の在り方を維持した。食料を安定的に確保するため、サケが遡上し捕獲できる河川の近くや、貝類を得やすい干潟近く、あるいはブナやクリの群生地など、集落の選地には多様性が見られた。それぞれの立地に応じて、食料を獲得するための技術や道具類も発達した。／現存しているか消滅しているかにかかわらず、ある文化的伝統または文明の存在を伝承する物証として無二の存在、少なくとも希有な存在である。／ある一つの文化、または複数の文化を特徴づけるような伝統的居住形態もしくは陸上・海上の土地利用形態を代表する顕著な見本、または人類と環境のふれあいを代表する顕著な見本である。」

傍線を引いた箇所にある「世界的にも稀有な定住社会」、「集落の定住の在り方」そして「文化を特徴づけるような伝統的居住形態」とは何か、具体的に突き詰めると、それは、縄文の集落には「防御壁」が無い！ということだ。このこと、前記の岡村道雄氏も次の通り指摘されている（同氏著「縄文人からの伝言」集英社新書）。

「通常はやや離れた場所に水場、粘土採掘穴などがあり、それらと集落をつなぐ道が存在したのです。ただし、土堤や溝で墓地などを囲う場合もありましたが、集落全体を囲い・区画する施設をもたなかったのが、世界的に見ても縄文集落の特徴です。自然と調和的に暮らし、他集落とも連携して平和に暮らしていた日本的定住集落だったと言えます。」

この集落が防御壁に囲まれていないということは、太古の日本列島でのみ起こった、人類史上「とてつもないこと」である。海を隔てたユーラシア大陸では、その西も、東も、中央も、人々の集落は、太古から防壁に囲まれている。萬里の長城のように、国ごと防壁で囲もうとした過酷で殺伐たる地域もある。日本列島以外の世界では、人々は防壁のなかに住み、防壁の外から来る者はエイリアンであった。そして、防壁内の人々は防壁内で生きる権利を有するとともに、防壁を守る義務を負う。これが西洋で発達した市民の権利と義務の概念となる。従って、ユーラシアの欧州や中国においては、城壁内に長年住んだ民族的経験に基づいて、この度の地球的規模のコロナウイルス騒動においても、すぐに「都市封鎖」をするのだ。

縄文期に生まれた日本語の淵源

では、日本に見られるように、集落に防御壁を造らない、とはどういうことだったのか?それは、集落の外に住む人々や他の集落に住む人々は助け合う隣人だということだ。それ故、防御壁がない縄文集落の遺跡からは、武器が見つからない。従って、海の集落の人々と森の集落の人々は、友人に会うかのように、気軽に行き来してそれぞれの産物を交換し合うことが盛んになる。しかし、物産の交換だけではない。必ず、遠く離れた集落の青年とこちらの村の年頃の少女が結ばれて夫婦となり子が生まれる。そして、この人々の交流と男女の結びつきによる姻戚関係が村落を越えて広がってゆく。これが、日本列島全域で一万年続いたのが縄文期だ。さらに、日本列島は、いつか必ず、地震と火山爆発と津波に襲われる稀有な列島で、毎年台風の通り道だ。そして、この過酷な災害に襲われた時、人々は集落を越えて家族のように助け合って危機を克服してきた。東日本大震災の時に、家族のように助け合って危機に対処して、世界が驚いた日本国民の姿は、縄文期からあったのだ。

縄文期が斯くの如き一万年の世界であれば、そこに生きる人々は共通の言語を話していたと思われる。それは、現在の我々が話す日本語の母体である。この日本語の特徴は、「主語」を使う必要が無いということと、敬語が発達しているということだ。「主語」は個々別々の時に必要になるだけで、全員が「身内」なら、「主語」を強調する必要はない。また尊い存在が共同体にあるから敬語が発達したのだ。この日本語の淵源が縄文期に生まれた。また、縄文期の盛んな物流は、列島全域で統一された度量衡が存在したことを示している。

この現在の敬語が発達した日本語の淵源が縄文期にあること、縄文期に度量衡の統一があるということは、当時の縄文の世界に、神々と一体の尊い神聖な中心的存在が想定されていたということだ。よって、この一万年の縄文期が、天照大御神の天壌無窮の神勅よる神武天皇誕生と八紘為宇の母体である。

藤田東湖と西郷南洲⑦

片山杜秀の素朴な「西田哲学」批判を読む

哲学者　山崎行太郎

「めくら、蛇におじず」

繰り返しになるが、片山杜秀は、近代日本の右翼思想や天皇制ファシズム、皇国史観などについて、本や論文など、大量に書いているが、いわゆる右翼思想を、よくわかった上で書いているわけではないようにみえる。むしろ日本近代の保守思想の精髄が全然、わかっていないだけではなく、わかろうともしていないとも言える。わかっていないから、あるいはわかろうともしないからこそ、大量の文章が書けるのである。言い換えるならば、「はじめに右翼思想批判ありき」というのが、片山杜秀の立ち位置である。

片山杜秀の『近代日本の右翼思想』は、「近代日本の右翼思想とは何か」を探究しようとしたものではなく、近代日本の右翼思想を批判、否定、冒涜しようとしたものである。批判が中心で、探究は「二の次」である。日本の右翼思想なんてこんなものだろう、という片山杜秀の「上から目線」の批判的言説だけが目立っている。ここで、私が、日本の右翼思想の「時間論」にこだわるのは、片山杜秀の右翼思想批判が、片山杜秀本人の「上から目線」の議論にも関わらず、この時間論という問題において、明らかに未熟で、理論的にも論理破綻していると思えるからだ。

たしかによく勉強しているし、資料や文献など、よく調べてはいる。しかし、肝心かなめの「思考力」が、つまり「原理的思考力」、あるいは「哲学的思考力」とでも呼ぶべき思考力が脆弱、凡庸なのだから、どうしようもない。

さて、片山杜秀は、たとえば西田幾多郎、あるいは日本近代の右翼思想家たちの「時間論」について、それが「現在主義」であると批判している。現在主義的時間論には、「過去」や「未来」を考慮する《歴史的視点》というものが欠如しているというのだ。片山杜秀は、時間を過去や未来という視点から考えるのが、正当な時間だと考えているらしい。片山杜秀が考えているらしい近代日本の保守思想の持つ「現在主義的時間論」について、私は、詳しく知らないが、時間論や現在主義ということなら、私も、小林秀雄や西田幾多郎、ベルグソンやハイデッガーから学んだ経験から、私なりの見解を持っている。

私の理解する時間論や現在主義の哲学は、片山杜秀のそれとは明らかに違う。片山杜秀の理解する現在主義的時間論は、《非合理主義的》であり、《神がかり的》であるということのようだが、そういう解釈や理解は、明らかに、あまりにも幼稚・稚拙な議論というしかない。片山杜秀は、西田幾多郎について、こう言っている。

《ところで、いうまでもなく、この「純粋経験」にあっては、時間は現在のあるがままにしか経験されない。過去も未来も未だ定かならない。あるいはそうした区分けを超越した現在そのものの中にあるときこそ人間の真実があり、人間は「神」を見る。現在はそれ自体で正しい生の姿となり、それを相対化し、歴史化するような、いかなる時間意識も消えてしまう。したがってここには、現在だけによる充足が達成されるのである。》（『近代日本の右翼思想』）

ここには、恐るべきことが書かれている。要するに、片山杜秀は、西田幾多郎の「純粋経験」論を理解しようとするのではなく、それを批判し否定しようとしている。しかも、誤読した上に、自信満々に、あの「西田哲学」を、批判するというより、誹謗中傷していると言っていい。「めくら、蛇におじず」とかいうことわざがあるが、まさに、片山杜秀が、そうだと言っていい。とすれば、気になるのは、西田哲学を否定、嘲笑する片山杜秀の思想的根拠というか哲学的背景、論理的背景である。さぞや、深淵な哲学的根拠を有しているのだろうと思うのが、常識だろう。片山杜秀は、西田幾多郎の「純粋経験」について次のように解釈、解説している。

《といって「純粋経験」は、何か特殊神秘的な経験ばかりから説明されるのではない。それは、「例えば技芸を習ふ場合に、始は意識的であった事も之に熟するに従って無意識」、すなわち「純粋経験」となるというがごとくに用いられる。そして、この「純粋経験」の理想型として示されるのが、主客未だ定かならぬカオスの中に、ある種の統一をみいだしているはずの「初生児の経験」であり、「ゲーテが夢の中で直覚的に詩を作ったといふ如き」天才の経験である。》（同上）

片山杜秀は、西田幾多郎や西田哲学を批判しようとして、このように書いているのだろうが、少なくとも私には、この片山杜秀の文章は批判になっていないと思われる。西田哲学の「純粋経験」なるものが、「主客未分のカオス」の経験であることは当然であって、それを、近代合理主義な「主客二元論」的な思考図式で、批判することは、無意味である。

つまり、片山杜秀の西田哲学批判の文章から読みとれるのは、西田幾多郎や西田哲学の目的が、主客二元論的な近代合理主義批判であることがわかっていないことが、わかる。私は、難解と言われている「西田哲学」が理解できていないことを批判するつもりはない。理解できない、ということは、たいした問題ではない。それぞれ得意な分野や不得意な分野があるのも当然である。問題は、理解できないままに、あるいは誤解したままで、安直に批判したり否定しているところだ。逆に、自分に理解できないのではなく、それは、西田幾多郎や西田哲学が間違っているからだ、と言っているようにみえる。

片山杜秀は、《「ゲーテが夢の中で直覚的に詩を作ったといふ如き」天才の経験である。》と言うのだが、私のような者には、「なるほど」と思うのだが、片山杜秀にはそうではないらしい。

「中今」の思想にもケチをつける片山杜秀

さて、片山杜秀の「西田幾多郎論」については、まだ論じたいところだが、ひとまず、中断して、「現在主義的時間論」の問題を、片山杜秀にならって、日本の歴史を遡ってみることにしたい。古代日本に、厳密に言うと奈良時代に、「中今」という言葉と思想があった。「中今」と書いて「なかいま」と読む。片山杜秀によると、その「中今」の思想が、近代日本の右翼思想にまでつながっている。「中今」の思想とは、分かりやすく言うと、「今を大事にせよ。現在を尊重せよ。過去や未来を忘れて現在生きよ」という現在主義的な時間論の哲学と言ってよい。奈良時代から近代の右翼思想まで、あるいは西田哲学や小林秀雄の文芸批評にまで、脈々と生き続けてきた時間感覚、ないしは時間論の哲学である。片山杜秀は、知ってか知らずにか、この「中今」の思想にも、ケチをつける。まず、片山杜秀の説明を見てみる。

《元来「中今」とは、文武天皇即位の宣命に「高天原の事始めて遠天 皇祖の御世、中今に至るまで天皇が御子のあれまさむ弥継ぎ継ぎに大八島国しらむ次と」とあるを代表的出典とする。》（同上）

出典は、文武天皇の即位の時の「宣命」にあるらしい。この「中今」について、本居宣長は「中今とは今を言う也」と言っているそうだ。さて、そこで、片山杜秀は、右翼歌人・三井甲之の説明を例に出して批判する。

《たとえば右翼歌人、三井甲之は、この「盛りの真中の世」を拡大解釈を試みている。『しきしまのみち原論』（1934年）で三井は、「中今」を「過去なく未来なく　ただ現在の生成のみであるといふことの予感的言い現し」とし、宣長の解釈にも、その「予感的閃きがみとめらる」という。ここに、「中今」なる語に、現在あるがあま、目の前にあるもののみに充足しようとする特殊時代的志向が投影されたことを見ることは容易だろう。》（同上）

片山杜秀の時間論は、最後の《「中今」なる語に、現在あるがあま、目の前にあるもののみに充足しようとする特殊時代的志向が投影されたことを見ることは容易だろう。》という文章に象徴的に要約されている。

要するに、「現在に生きる」こと、「現在を直視する」ことが、否定的にとらえられている。逆に、「過去」や「未来」を考えることが、肯定的にとらえられている。片山杜秀が、どういう時間感覚を持っていようと、どういう哲学的時間論を持っていようとかまわない。テレビのお笑い番組や居酒屋漫談や井戸端会議に夢中になっている「おじさん、おばさん」程度の思想の持主だろうとかまわない。問題は、片山杜秀が、自分の議論が、幼稚で、素朴すぎるということを自覚していないことである。

藤田東湖と『弘道館記述義』

崎門学研究会代表
折本龍則

藤田東湖は幕末に活躍した水戸学者で、「烈公」として有名な水戸藩主徳川斉昭の側近として、その改革（天保の改革）を補佐した政治家でもあります。彼は文化三（1806）年、水戸城下の梅香において、水戸学者、藤田幽谷の次男として生まれました。名は彪（たけき）、字は斌卿（ひんけい）、通称を虎之介といいました。後に藩主慶篤（斉昭の子）から「誠之進」の名を賜っています。「東湖」の号は、彼が生まれた梅香の東に仙波湖が見えることから、名乗ったそうです。藤田幽谷は、水戸学中興の祖とされる人物で、元々古着商の子でしたが、学問で立身出世して、三十四歳にして徳川光圀による『大日本史』編纂の史局である彰考館の総裁まで上り詰めました。後に青藍舎という私塾を開き、会沢正志斎（『弘道館記述義』と並ぶ水戸学の必読書となった『新論』の著者）や豊田天功等を指導しました。その幽谷の次男として生まれた東湖でしたが、兄の熊太郎が夭折したため、一人息子として厳格な武士道教育を受けました。

そんな幽谷・東湖父子の関係を伺わせる逸話が、東湖が自らの生い立ちを漢詩に賦した『回天詩史』において「三度死を決して而して死せず」としたうちの最初に挙げた、大津浜事件です。この事件は、文政七（1824）年、常陸沖に現れた二艘の英国船舶の乗組員十二人が、水戸藩領大津浜に上陸した事件です。事件の一報を聞きつけた幽谷は、東湖に向かって英国人を皆殺しにして日本の正気を示すように命じ、「お前は一人息子だから死んだら我が家は絶えるが少しも気にかけるな」と激励したのに対して、東湖が「かしこまりました」と答えたので、「それでこそ我が児だ」と言って涙をこぼしたと記されています。天下の大事を我が事として捉え、身を以て当たらんとする当事者意識に驚嘆します。しかしこの時は、幕府が乗組員は薪水を求めて上陸したに過ぎないと判断し釈放してしまったので、東湖は死を免れました。ちなみにこの事件に際して、水戸藩の役人として乗組員の取り調べに当たったのが会沢正志斎です。彼は上陸した英国人の背景に我が国への侵略の意図があると読み取り、その時の経験を元に尊皇攘夷の方策である『新論』を著しました。また、幕府もこの事件がきっかけとなって異国船打ち払い令を発令しました。

文政九（1826）年、父幽谷が亡くなりました。その時東湖は二十一歳でした。彼は藤田家の家督を継ぎ、二百石を与えられ、進物番（進献物を司る）兼彰考館編修を命じられました。後に彰考館総裁代役になりましたが、幽谷亡き後の彰考館の堕落ぶりに嫌気がさして辞めてしまいました。そんななか、東湖が二度目の死を覚悟する出来事が起こりました。

文政十二（1829）年に起きた第八代藩主斉修（なりのぶ）の継嗣問題です。斉修は病弱で子がなかったので、危篤に陥ると水戸藩の跡継ぎ問題が起こりました。このとき、水戸藩の重臣たちは将軍家斉の子の清水氏を斉修の養子に迎え入れようとしましたが、東湖や会沢正志斎たちは水戸藩初代頼房以来の血筋を絶やしてはならないと、斉修の弟の斉昭の擁立を主張しました。実は、この斉昭は、幼名を経三郎といい、五歳の時から会沢正志斎が十年近くに亘って侍読を務め水戸学を叩き込まれていました。東湖たちは、斉昭の襲封（藩主を継ぐこと）を幕府に直訴するため、無断で江戸に向かいましたが、当時、藩に無断で国を出ることは死罪にも相当する重罪でした。しかしこの時も、亡くなった斉修の枕元から斉昭を後継者に指名する遺書が見つかり、斉昭の藩主就任が決まったので、東湖は軽い処罰で済みました。これが、東湖が死を決意した二回目です。かくして斉昭（烈公）が九代藩主に就任すると、東湖は八田郡の奉行に任命されました。東湖は、しばしば「封事（ふうじ）」と呼ばれる意見書を提出し、世に「天保の改革」と称される斉昭の藩政改革を支えました。

なかでも「天保の改革」における最大の事業が、藩校弘道館の創建です。天保十二（1841）年、斉昭は水戸藩

藤田東湖

の藩校である弘道館を創建しました。この弘道館の建学趣旨、教育の綱領を説いたのが『弘道館記』です。実は、弘道館の創建は天保四（1833）年ごろから計画が開始されていましたが、重臣たちが財政難などを理由に反対して延期され、ようやく同八年に東湖に「学校御碑文」の起草が命じられました。東湖は会沢正志斎への書簡で、弘道館記は「神州の一大文字にも相成るべき儀……東藩（水戸藩）学術の眼目に仕り、推て天下に及び神州左衽（野蛮になること）の憂、これ無き様仕度、日夜の志願に御座候」と抱負を語っています。弘道館の創建に至るまでの経緯について、安見隆雄氏は「まず斉昭が建学の意志を表明し、正志斎が周代の学校制度を研究して、東湖が学校建設の実務と「弘道館記」の起草を担った。概括するならば、弘道館はこの三者の叡智を結晶した合作ともいえよう。」と述べられています（『会沢正志斎の生涯』）。

これらの功績が認められ東湖は天保十一年には斉昭の側用人に抜擢され、俸禄は四百石に加増されました。

「弘化甲辰の変」で失脚

ところで、斉昭は人材を家柄や格式に関係なく能力本位で抜擢したので天保の改革は大いに進みましたが、古くから藩に仕える重臣たちはそもそも斉昭の藩主就任に反対していただけでなく、自分たちを差し置いて急進的な改革を進める斉昭を疎ましく思い、幕府に讒言したため、天保十五（1844）年五月、斉昭は幕府の呼び出しを受けて蟄居謹慎を命じられ失脚しました。これを「弘化甲辰の変」といいます。このとき東湖は斉昭の無実を訴え冤罪をそそぐために自決しようと思いましたが、かえって幕府に斉昭の罪を認め謝罪したように受け取られるのは不本意であると思い直し、自決は思いとどまりました。これが東湖が三度死を決意した三回目です。

当時、東湖は病に臥しておりましたが、斉昭に従って江戸に向かい、斉昭に連座して小石川の上屋敷に幽閉されました。彼は当時の様子を『回天詩史』において「自ら驚く塵垢の皮膚に盈つるを」と賦し、「自分は今月二日に水戸を出発したが、その数日前から病気にかかっていたので、入浴しないことがほとんど三十日になる。今は病気はなおっているが、水が乏しいために、わずかに手を洗い、口をすすぎ、顔を洗うだけである。ちょうど夏にあたり、蒸し暑さは猛烈に襲いかかり、汗はたらたら流れ、着物は日ましに汚れて悪臭が鼻をつくというありさまである。だから皮膚を一かきすれば、虱も爪の間にはさまってくる。」と記しています（原田種成訳）。その後、小梅の下屋敷（現在の隅田公園）に移送されました。彼は自らの境遇を南宋の忠臣で元に囚われて土牢に幽閉された文天祥になぞらえ、文天祥が賦した『正気の歌』に和して自らも『正気歌』の漢詩を賦しました。それは「天地正大の気粋然として神州に鍾る」から始まり、「万古天皇を仰ぐ」我が国の国粋を賛美した名作です。現在隅田公園内には正気歌の漢詩碑が建っております。東湖は最初小石川、次いで小梅に幽閉され、その後水戸の竹隈町に移されました。その幽閉生活はあしかけ十年もの長きに及びましたが、その間に彼の三大著作と呼ばれる『回天詩史』『常陸帯』（小石川）、『弘道館記』の解説書である『弘道館記述義』（小梅）を著しました。『弘道館記述義』は弘化二（１８４５）年十二月十一日に起稿し、わずか五十日で脱稿したといわれています。

嘉永六（１８５３）年、ペリー率いる米国艦隊が浦賀に来航し天下が騒然としました。幕府は逡巡してなすすべなく、蟄居を命じていた徳川斉昭を海防参与に任じました。斉昭は水戸から東湖を召還し、海岸防禦御用掛に任命しました。江戸において東湖は「弘化甲辰の変」以来、実に十年ぶりに斉昭に拝謁し感泣の涙を流しました。さらに東湖は水戸藩主慶篤（順公、斉昭の子）から「誠之進」の名を賜りました。東湖は、斉昭の側近として、老中の阿部正弘や水野忠邦、土佐の山内容堂や薩摩の島津斉彬、越前の松平春嶽、志士では佐久間象山や横井小楠、西郷隆盛、橋本左内、梅田雲浜等、天下の豪傑たちと交流しました。なかでも東湖は橋本左内の才能を見抜いて松平春嶽に推薦したことでも知られ、左内もまた書簡のなかで「心腹致し候者は水府藤田子（東湖）に止まり申し候」と書いておりました。また、西郷などは、東湖の見識と人柄をことのほか敬愛してしばしば教えを乞い、親戚に宛てた手紙で「彼の宅へ差し越し申し候と清水に浴し候塩梅にて、心中一点の雲霞なく、唯情清（清浄）なる心に相成り、帰路を忘れ候次第に御座候」とまで記しています。

　このように多くの志士から敬服された東湖でしたが、安政二（1855）年十月二日に江戸を襲った安政の大地震において、母を庇って倒壊した家屋の下敷きになり圧死しました。享年五十歳でした。東湖の訃報に接した西郷は、鹿児島に宛てた手紙で、「扨去る二日の大地震には、誠に天下の大変にて、水戸の両田（藤田東湖と戸田忠敞）もゆい打（不意打ち）に逢はれ、何とも申し訳なき次第に御座候。頓と此の限りにて何も申す口は御座なく候」と述べ嘆息しています。東湖の亡骸は、水戸の常磐共同墓地に埋葬され、いまも同墓地には幽谷東湖父子の墓が並んで建っています。

『弘道館記述義』を読む

　前述したように、『弘道館記述義』は弘化三（1846）年に東湖が書いた弘道館記の解説書であり、会沢正志斎の『新論』と並ぶ水戸学の必読書です。ここでは、さしあたり以下の点を読み解くポイントとして挙げたいと思います。①我が国の国体を明らかにした②徳川光圀は何故学校を作らなかったのか③徳川幕府へのスタンス――。

　①に関し、東湖は我が国の国体を、蒼生安寧（天皇が国民を大御宝として慈しむ）→宝祚無窮（皇統が一度の革命なく万世一系でつながっている）→国体尊厳（皇室が威光を放つ）→夷狄率服（諸外国が威服する）の循環として説明しました。これは攘夷を断行するには、まず我が国の道義国体を明らかにすべきとの考えにつながります。その上で東湖は、我が国の道義の要旨は「敬神・愛民・尚武」であると述べております。

　②に関し「当時、義公は大いに藩校を興そうとする志がおありになったが、それを果たされなかった。思うに公は心中「道は人間として学ばねばならぬものであるが、世間ではそれを儒者だけの職業のように見ている。自分が儒員という制度を廃止したのは、人間をみな儒たらしめんとしてのことである。藩校を設けるといっても、それを大規模にして政治と有機的な一体にしようとすれば、一朝一夕の事業ではなくなるし、もしそうしないとするなら、ただの読書塾同然に見られ、文教に利益はなく、政治にも有害となろう。むしろ家ごと、人ごとに各自学問させるにこしたことはない」とお思いになったのであろう。」（橋川文三訳）と記しています。事実、光圀は儒者の剃髪をやめさせ、儒員という役職を廃して『大日本史』編纂に従事した佐々

宗淳や栗山潜鋒、三宅観瀾といった儒者もみな藩の役職につけました。こうした道義の実践を重んじる考えは水戸学の特徴であり、『弘道館記』においても「学問事業、其の効を殊にせず」として明記されています。

③いうまでもなく水戸藩は徳川の親藩なのでもちろん敬幕であり、東湖も『述義』のなかでは戦乱の世を平定した徳川家康の功績を讃えておりますが、一方で水戸学は「君臣の大義」と「王覇（朝廷と幕府）の別」を重んじ、光圀の遺書である『桃源遺事』においても「我が主君は天子なり、今将軍は我宗室（親類頭）なり。あしく了簡仕（り）、取り違へ申すまし」と述べています。こうした尊皇の教えは東湖も共有しており、彼は薩摩の有村俊斎が来訪した際に、「これが洩れれば大事に至る極秘であるから、胸中に深く蔵して不用意に人に話してはならない」と断った上で、「一君万民の大義を明らかにし」「天子一たび親から天下に君臨し給ひ、将軍家を使用すること、手の指に於けるが如く、将軍家の　天子に於ける、宛も子の父に事ふるが如くならしめば、大義明かに立ち、人心茲に凝一して、国力是より振起せん。」と述べ、天皇親政、王政恢復の本望を打ち明けているのです（宮田正彦『水戸学の復興』）。こうした水戸学の教えは斉昭の子である最後の将軍、徳川慶喜による大政奉還にもつながりました。

明治八年、明治天皇は、徳川昭武（慶喜の弟）が住まう小梅邸に行幸されました。このとき明治陛下は、「花ぐわし 桜もあれど 此やど乃 よ々のこころを 我はとひけり」の御製を詠まれましたが、ここでいう「よ々のこころ」とは水戸学に受け継がれた尊皇の精神です。いまも隅田公園には、この御製が刻まれた碑石がスカイツリーをバックに佇んでおります。

英霊顕彰プロジェクト2作目を公開！

大夢舘舘主　鈴木田遵澄

これからの英霊顕彰

日本の歴史を語るとき決して避けては通れないのが大東亜戦争である。この大御戦の是非について今日まであらゆる議論が行われてきた。その多くは侵略戦争だ、戦争犯罪だと延々と史実に基づかない感情論で語られるのであった。

それもそのはず、連合軍による占領期間は「真実はかうだ」に象徴されるとおり新聞やラジオ、映画などあらゆるメディアを使った洗脳教育と厳しい言論統制が行われ、その後は共産主義勢力による反日教育までも蔓延り日本人は誇りや矜持を忘れ去ってしまったからだ。

確かに、大東亜戦争の日本の軍人軍属の戦没者約２３０万人（民間人合わせて約３１０万人）という数字は、その一つ一つに命があったということが想像もできないほど途轍も無く悲劇的な数字である。この悲しみは言葉ではとても言い表せる物では無い。しかし、英霊が何のために戦地で命を擲ったのかという最も重要な事を見落とすことはあってはならない。

言うまでもなく大東亜戦争は「米英両国に対する宣戦の詔書」いわゆる開戦の詔書に示されたとおり『自存自衛のため』の戦争であり『洵に已むを得ざる』戦争だった。このような事すらも認識できぬまま大東亜戦争を語ることは歴史に対する不誠実であり、英霊戦没者に対する冒涜に他ならないのである。

私が最も尊敬する軍人は小野田寛郎陸軍少尉である。ご存知のとおり終戦後もフィリピンルバング島において作戦を継続し、終戦から30年後にようやく任務を解除された方だ。その間、戦死と判断され靖国神社に15年間祀られた事もある〝元英霊〟でもあられた。その小野田さんは生前とある講演の場で小泉首相の靖國神社参拝に対して「黙って靖國神社に参拝していただきたい」と語っておられる。続けて「しかしながら、一国の首相たる者がこの靖國神社にお参りをして「心ならずも」と英霊に対して言葉をかけております。果たしてわたしたちは「心ならずも」あの戦争で命を散らせたのでありましょうか」とかなり厳しい口調で憤りを示された。これが〝元英霊〟の紛れもない本音であり、英霊顕彰に必要な事の全てがこの短い言葉に表れていると私はおもう。

英霊は志願であれ徴兵であれ覚悟を決めて心を奮い立たせて、日本のため、家族のため、故郷のために勇んで戦い散っていかれた。１００％では無いにせよそれが事実であり、英霊としては決して忘れてもらっては困ることだと思う。残された側の悲しみが大きすぎて、国を守る精神が埋もれてしまっているように感じる戦後の世であっても、せめて靖国神社や護国神社に参拝する時はただひたすらに英霊の雄々しき精神と不滅の武勲を讃えて手を合わせ、頭を垂れる。それだけが必要なのである。

政治家や閣僚が参拝を終えたあとに「私人」としてか「公人」としてかと問われ「私人です」と答え、得意顔で「平和への誓いをあらたにしてきました」などと語る姿が毎年ニュースに出てくるが、靖國神社や都道府県の護国神社はそのような平和の誓いをする場所ではないのである。他人の信仰や立場にケチつける事はあってはならないことではあるが、政治家の保守票欲しさと自己保身が垣間見えて余計な事を語らず黙って帰れと小言の一つぐらい言いたくなる。（失敬）

靖國神社や護国神社は遺族の減少に伴い参拝者が減っていく一方と嘆く声も聞かれるが、そもそも靖國神社は遺族のための神社ではなく軍人による軍人を祀る神社であり、その根本に立ち返って考えてみれば遺族とは関係がなくても国を守る意思を持った日本国民が増えれば参拝に来る人は必然的に増えていくと思われる。否、世界情勢を見渡せば参拝者が増えなくてはならない時代がすでに来ているのである。

英霊顕彰プロジェクトについて

学も浅ければ文の才もない私が偉そうな言葉ばかり並べてしまい恐縮なのでこの辺で講釈を垂れるのは控えさせていただき、この場をお借りして私がいまやっている活動を紹介させていただきたい。活動とは英霊顕彰プロジェクトと題して2年前に開始した短編映画を制作する活動である。本来であれば横文字のプロジェクトではなく「英霊顕彰企画」などとするべきだが、ここは世間に媚びを売って横文字を使わせていただいた。

令和２年に公開された短編映画「忘れてはならない歴史」

世間に媚びを売ってまで伝えたかった思いというのは、より多くの若い人へ「靖國神社のこと護国神社のことを知ってもらい、英霊に手を合わせて頭を垂れて欲しい」ということである。私は言葉で伝えるのが苦手な事もあるが、無駄な議論が起きることで英霊顕彰という国民として当たり前のことが政治問題化され英霊が手垢で汚されていくのは見たくなかったため短編映画は敢えて言葉を発しない無声映画とした。さらにインターネット世代に見て頂くために時間も2分20秒という短い作品になるよう心がけた。

そのような思いで2年前の終戦の日に完成させた「忘れてはならない歴史がある」はインターネットでの再生回数が170万回を超え、テレビでも放送されるなど多くの国民に届ける事ができた。1作目はYouTubeなどで視聴できるのでまだご覧になってない方には是非検索して視聴いただきたい。

そして、令和4年8月終戦の日には2作目となる「あなたの事を忘れずにいさせてくれる神社（仮称）」を公開するべく目下、撮影と編集を行なっている最中である。

この2作目は志願兵ではない赤紙で召集された兵隊が雄々しく戦った姿とその家族を題材にしたものであり、1作目よりもストーリーがわかりやすくなっているため多くの若い人に伝えられると思う。また、今回の作品の中で英霊顕彰とともにもう一つ表現したかったことは命を懸けても守るべき美しい故郷の風景だった。その風景を表現するために大津町の江藤家住宅(国指定重要文化財）や、山鹿市の松尾敬宇中佐生家、番所の棚田など古き良き日本の原風景が残る場所をロケ地として使わせていただいた。戦争になっていくら国が「国のために死んでこい」と命令したとしてもマクドナルドやスターバックス、コストコのような外資の店が軒を連ねるような無機質な故郷の為に体を張って戦うのはなかなか難しいと私は思う。先祖代々守ってきた寺社仏閣や祭りの掛け声、美しい自然や田畑…俺はこの故郷の地で生まれ育ったんだ！という思いを自然と持てるような故郷をまずは守っていくことが国を守る事に直結する事だと思うし、英霊が守りたかった日本とはそういう身近な故郷だったのではないかと私は思ってしまう。

現在、我々の頭上には砲弾こそ飛んでこないが、コロナ騒動や新自由主義といった目に見えにくい敵が人との繋がりだけでなく地域に伝わる祭りや伝統文化にまで土足で上がってきて、人目も憚らずどんどん破壊していく時代である。そんな中で命をかけても守るべき価値のある日本を守っていかなくてはならない。英霊顕彰とともに故郷の伝統文化を守っていかねば国防は覚束ないという事を肝に銘じて筆を置くことにする。

お知らせ

英霊顕彰プロジェクト2作目は本年8月14日に公開致します。より多くの若い人に観て感じてもらいたいと思っておりますので拡散等宜しくお願いします。

「維新」としての世界最終戦　現代に甦る石原莞爾④

世界の統一原理たるのは、東洋の王道か？西洋の覇道か？

里見日本文化学研究所所長　金子宗徳

東洋の王道

これまで、石原思想の白眉ともいうべき『世界最終戦論』の概要と現代的意義について述べてきた。そこで示される「複数のブロックに分かれた世界」というビジョンはウクライナ事変を契機とする現代の国際情勢に相通ずるものがあり、そこで語られる戦闘のイメージは現代戦を髣髴とさせる。

この「複数のブロックに分かれた世界」は遠からず統一される筈であり、その最終段階で、日本を中心とする東亜諸国とアメリカ合衆国を中心とする北米・南米の諸国とによる決戦が起こるというのが石原の確信であった。

どうも、……東亜のわれわれの組と、それから……米州、この二つが大体、決勝に残るのではないか。この両者が太平洋を挟んだ人類の最後の大決戦、極端な大戦争をやります。その戦争は長くは続きません。至短期間でバタバタと片が付く。そうして天皇が世界の天皇で在らせらるべきものか、アメリカの大統領が世界を統制すべきものかという人類の最も重大な運命が決定するであろうと思うのであります。即ち東洋の王道と西洋の覇道の、いずれが世界統一の指導原理たるべきかが決定するのであります。

ここで注目すべきは、「東洋の王道と西洋の覇道の、いずれが世界統一の指導原理たるべきか」という一節だ。

この点に関しては読者からも質問があったようで、その回答が「『最終戦争論』に関する質疑応答」の中に掲載されている。

「文明の性格は気候風土の影響を受けることが極めて大きく、東西よりも南北に大きな差異を生ずる」と述べた石原は、「北種は元来、住みよい熱帯や亜熱帯から追い出された劣等種であったろうが、逆境と寒冷な風土に鍛錬されて、自然に科学的方面の発達を来たした。また農業に発した強い国家意識と狩猟生活の生んだ寄合評定によって、強大な政治力が養われ今日、世界に雄飛している民族は、すべて北種に属する。南種は専制的で議会の運用を巧みに行ない得ない。社会制度、政治組織の改革は、北種の特徴である」と論ずる。

その上で、石原はヨーロッパの北種（アルプス・ピレネー以北のフランス・ドイツ・イギリスなど）とアジアの北種（日本・支那など）とを比較した上で、次のように曰く。

寒帯文明に徹底した物質文明偏重の西洋文明は、即ち覇道文明である。これに対し熱帯文明が王道文明であるかと言えば、そうではない。王道は中庸を得て、偏してはならぬ。道を守る人生の目的を堅持して、その目的達成のための手段として、物質文明を十分に生かさねばならない。……

同じ北種でも、アジアの北種とヨーロッパの北種には、その文明に大きな相異を来たしている。日本民族の主体は、もちろん北種である。科学的能力は白人種の最優秀者に優るとも劣らないのみならず、皇祖皇宗によって簡明に力強く宣明せられた建国の大理想は、民族不動の信仰として、われらの血に流れている。しかも適度に円満に南種の血を混じて熱帯文明の美しさも十分に摂取し、その文明を荘厳にしたのである。古代支那の文明は今日の研究では、南種に属する漢人種のものではなく、北種によって創められたものらしいと言われているが、その王道思想は正しく日本国体の説明と言うべきである。

……

孫文の王道論

孫文

「王道思想は正しく日本国体の説明と言うべき」という部分も興味深いが、その云わんとするところを探る前に、「東洋の王道か？・西洋の覇道か？」という論法の先駆者である孫文の議論に触れておくべきだろう。

孫文が大正十三（一九二四）年十一月二十八日に神戸高等女学校で「大亜細亜主義」と題する講演を行ったことは広く知られている。その講演録〔外務省調査部訳『孫文全集』（第三巻）所収〕から、両者を比較する部分を引く。

最近数百年の文化に付て観ますれば、欧洲の物質文明は極度に発達して居り、我東洋の文明は何等大なる進歩をなして居りません。従つて之を単に表面的に比較致しますれば欧洲は東洋に優つ居ります。然し根本的に之を解剖しますれば、欧洲における最近百年来の文化は如何なるものであるか、彼等の文化は科学の文化であり、功利主義の文化である。此の文化を人類社会の間に用ゐたものが即ち物質文明である。物質文明は飛行機爆弾であり、小銃大砲であつて、一種の武力文化である。欧洲人が最近専ら此の武力の文化を以て人を圧迫する所の文化でありまして、此の武力を以て人を圧迫することを中国の古語では覇道を行ふと言ひます。故に欧州の文化は覇道の文化であります。然るに我東洋に於きましては従来覇道文化を軽蔑し、他に覇道文化に優つた所の一種の文化を有して居るのであります。此の文化の本質は仁義道徳であります。此の仁義道徳の文化は人を感化するものであつて、人を圧迫するものではありません。又人に徳を抱かせるものであつて、人に畏れを抱かしめるものではありません。斯る人に徳を抱かせる文化は、わが中国の古語では之を王道と云って居ります。故に亜細亜の文化は王道の文化であります。欧洲において物質文化が発達し、覇道が盛んに行はれましてからは、世界各国の道徳は日々に退歩し、のみならず、亜細亜においても亦道徳の非常に退歩した国が可成出てきました。然し近来欧米の学者中、東洋文化に多少なりとも注意して居る者は、東洋の物質文明は、西洋の物質文明に及ばないが、東洋の道徳は西洋の道徳より遥かに高いと云ふ事を漸次諒解する様になつて来ました。

それを受けて、「吾々が大亜細亜主義を説き、亜細亜民族の地位を恢復しやうとするには、仁義道徳を基礎として各地の民族を結合し、亜細亜全体の民族が非常なる勢力を有する様にしなければならない」と主張する孫文は、「只欧州人に対しては、単に仁義のみを以て彼らの感化を謀つたり、亜細亜在住の欧州人に対して平和裡に権利の返還を求めたりすることは、恰も虎に食物を与へて其の皮を取らうとする様なもので、到底出来ない相談であります。故に吾々が我々の権利を完全に回収するには之を武力に訴へなければならないわけであります。……若し全亜細亜諸民族が連合し、固有の武力を以て欧州人と戦つたならば、必ず勝ち決して敗けることはないのであります」と、欧州との武力対決を呼号する。

その上で、「日本民族は既に一面欧米の覇道の文化を取入れると共に、他面亜細亜の王道文化の本質をも持って居るのであります。今後日本が世界の文化に対し、西洋覇道の犬となるか、或は東洋王道の干城となるか、夫れは日本国民の慎重に考慮すべきことでありましょう」と日本人に警告を発した。

最後の一節はアジア主義者・孫文を象徴する名言として今なお語り継がれるが、改めて演説全体を仔細に読み直すと、彼の本質が中華至上主義者であることに気づかされる。

今より五百年以前より二千年前迄一千年余の期間がありますが、此の間中国は世界における最強の国家でありまして、丁度現在の英国及米国と同様の地位に在りました。英国も米国も現在の強盛は列強でありますが、中国の昔の強盛は独強であつたのであります。……当時の弱小民族及国家は、何れも中国を宗主国となし、中国に朝貢せんとするものは中国の属藩たるものを欲し、中国に朝貢することを以て光栄とし、朝貢できないことを恥辱として居た有様であつたのであります。当時中国に朝貢して居た国は、亜細亜各国のみならず、欧州西方の各国迄、遠路を厭わず朝貢して居たのであります。当時の中国は之等多数の国家、遠方の民族の朝貢に対し如何なる方法を用ひたでありませうか。陸海軍の覇道を用ひて彼らの朝貢を強制したでせうか。否！中国は完全に王道を用ひて彼等を感化したのであります。彼等は中国に対して徳を感じ、甘んじて其の朝貢を希つたのであります。

……感化を受けた国は、仮令宗主国が衰微しても、数百年の後に至る迄、尚其の徳を忘れるものものではないと云ふことは、「ネパール」が今日に於いても尚且中国の感化を庶幾(こいねが)ひ、中国を宗主国として崇拝せんとして居る事実に依つて明かであります。之に反して圧迫を受くれば、仮令圧迫した国が現在非常に強盛であらうとも、常に其の国家より離脱せんとするものであることは、英国に対する埃及(エジプト)及印度の関係が之を示して居ります。

と同時に、ロシア革命を経て成立したばかりのソ連に対する過大評価も甚だしい。

現在欧州には、欧州全部の白人から排斥され、毒蛇猛獣であつて人類ではない様に思はれ、少しも接近されない国があります。我亜細亜にも同様の考へを以て居るものが可なり有ります。然からば其の国は何処であるかと云ひますと、それは露国であります。露西亜は只今では欧州白人の分家たらんとして居るのであります。露国が何故にそう謂ふ状態に在るか。夫れは彼が王道を主張して覇道を主張せず、仁義道徳を説いて功利強権を説かうとせず、極力行動を主持し、少数を以て多数を圧迫することに賛成しないからであります。露国の新文化は我東洋古来の文化に合致するものであつて、彼等は東洋と手を握り、西洋より分家しやうとして居るのであります。欧州人は露国の新しい主義が、彼らの主張と合致せず、且露国の主張が成功するときは、彼等の覇道が打破せられるだろうことを恐れ、露国が仁義正道を説く国であることには目もくれず、却て露国は世界の反逆者であると誣ゆるのであります。

これらの部分を踏まえて「日本が世界の文化に対し、西洋覇道の犬となるか、或は東洋王道の干城となるか」という部分を読み直してみると、それは日支両国を始めとするアジア諸国が団結をして西洋列強に対抗するという「大亜細亜主義」を語っているようでありながら、実際には支那を宗主国とする古代華夷秩序の復興を目指すものであり、さらにはロシア革命によつて成立した社会主義国家・ソ連に「王道」を見出すなど連ソ容共路線も色濃い。

高風無窮（三）

至徳要道の行

一般社団法人日本経綸機構代表理事　森田忠明

日常生活においては、あれやこれや、処理案件が山積してゐる。それに、次から次へ関心あることどもが湧き起り、身はひとつであるのに対処し切れないほど大童の事態が囲繞する。

このまへは気分うるはしい正月だつた、幾ぶん寒いが諸樹木の芽吹く春を通過した、それが、とつくに八十八夜も過ぎて梅雨の時節に逢着、何だこれはといふ気分にさせられる。またたく間に時局も移り歳も取り面にも一段と皺が増えるわけで、といつて成果があがつたか否か、その形跡を実感できようはずもない。なにゆゑ時間の流れは、あつと驚くほど速いのか。

よく見聞する、姿勢を正しくとか、精神を集中せよとか、心は和やかに、毎日を有効に等、まはりに掛声の種は尽きない。そのくせ時間の過ぎゆくのは無常とさへいへるほど速やかさを秘める。小時の変貌を、学年や身長やで計り得た学び舎を離れてから、おのが成長の度合を知る手段機会は失なつたと同然だ。慥かに知識そのものは以前に較べ徐徐にではあれ向上はしたらうが、もつと肝腎な点、生き来つて生じたらう証の発見は何を尺度にすればいいのか。

きのふより今日のはうが人間の質が一段とよくなつたか悪くなつたかに触れるに、その基準はこれだと揺るぎなく指摘しうるか。それをいつたいたれが、どんな物差しで弾き出すのか。これ、難問といへば難問ぢやないか。

まさか自分の心とせんか、自己満悦しか結果しまい。

なら知友か。どれだけか耳寄りな話の域を出はしないだらう。ここに結論らしきもの取りわけてありはせぬので、生涯の宿題、とでもいつておかう。宿題提出を担任方がどのくらゐ待つてくれるか、まだ確かめてゐない。

道者にも思惑

「倉の鼠、食(じき)に飢ゑ、田を耕す牛の草に飽かず。人も是(かく)の如し」

穀物を山と積んだ暗闇にゐる鼠、必ずしも腹一杯でなく、田に働く牛にしても、周囲は草豊富なのに、なほ満足してはゐない。もちろん食はうとすれば好きな量を食へるのを前提する。一休さんが和尚の不在をよいことに水飴を堪能したやうにはゆかぬらしい。物の譬へながら、われらとしては断然鱈腹食ふべきである。それも現在只今即刻に。

一般に人間は、自分の置かれてゐるせつかくの好環境を自覚せぬから、悟りといふものがどこか別のところにあるかと思つて右往左往するがふう。足許を見すゑずして遠くに眼を転じ、齷齪して愚痴不平をこぼす。メエテルリンクの『青い鳥』が差し迫る。

ちなみに現今でいへば図書館、古本屋、各種カルチャア教室。山に公園に遊歩道。各種鍛錬場もあれば交通の便もよい。何でも揃つてをり、いつでも簡単に往ける。酒を好く人にはあちこちに居酒屋があり、グルメ好みにも四季目正月。ジョギングやサイクリングの専用道路も整備され、とにかく何でも試行可だ。

だが道元がいふのは、それらのうち大事の大事に寸暇を惜しんで打ちこめといふこと。生命を活かす道にほかならぬ。目移りばかりでは、一生あらゆるものが中途半端に終る。さあ何に、どう打ちこまうか。

こんな話も載せる。

「恵心僧都(ゑしんそうづ)（源信）、一日庭前に草を食する鹿を人をして打ちおはしむ。時に人有り、問うて云(いは)く、「師、慈悲なきに似たり。草を惜しんで畜生を悩ます」。

そこで僧都、何と答へたか。

「『我若し是を打たずんば、この鹿、人に馴れて悪心の人に近づかん時、必ず殺されん。此の故に打つなり』と。慈悲なきに似たれども、内心の道理、慈悲余れる事是くのごとし」。

だから、かうなのである、「道者（その道を体得した人）の行は、善行悪行、皆なおもはくあり。人のはかる処に非ず」と。かやうの事情、じつはしばしばあるんだが、第三者はおほむね表層にのみ著目して荒つぽい批評を加へる。恵心僧都の顕著なる例に学んでおくこと、これまた必須であるだらう。

その道の通のおもはく言動にいでたるさまのあなかしこきろ

人を貴ぶといふこと

そもそも何をもつて判断するのか、人生を短いと歎く人おほぜいをり、一方、長すぎると見なす人だつてゐる。短く思ふ一友に訊ねてみたところ、「やりたいことを、まだやり終へてゐないから」。どうも、遊びか色恋に関するひびきがこめられてゐた。

幕末は佐藤一斎の左の言、常習としてよく引く。

――怠惰の冬日は、何ぞ其れ長きや。勉強の夏日は、何ぞ其れ短きや。長短は我に在りて、日に在らず。待つ有るの一年は、何ぞ其れ久しきや。待たざるの一年は、何ぞ其れ速かなるや。久速は心に在りて、年に在らず。（『言志耋録』）

一斎は、勉学に励み誠実に生きゆくことを主題としてゐるので、「昨日を送りて今日を迎へ、今日を送りて明日を迎ふ。人生百年、此くの如きに過ぎず。故に宜しく一日を慎むべし。一日慎まずんば、醜を身後に遺さん。恨むべし」（『言志晩録』）ともいふ。

人生の長短を中身でみるか、年数でみるか。「久速は心に在りて、年に在らず」と正鵠を射てくれてゐるからには長短の議論、気にはなるものの、四方山話か閑談のなかでしか取り上げられぬ感じがする。要は、まづ極力濃密にせんとて滞りなき励精が先行してゐなければならんこととならう。

世の人との交友。「実徳を以て、是れをうる事を得べし。仮徳を以て、是れをうる事を得べし。外相仮徳を以て、是れを見るべからず」。その人の実際の性質を仲立ちとして交りを得ることも、その人の性質の上辺だけから自在に交りを結ぶこともできよう。

けれど、凡俗としては、姿かたちのよしあしや、ただもう表の徳からばかり人を判断してはいけない。女性でいへば、外面の美醜を基準に彼女を判定しては間違ひのもとだといつてゐる。そこで二つの実例。

門下に加へてほしいとやつてきた男に、孔子「なぜきたか」と問ふに、「先生の参内のときのお姿を、あまりに気高く拝しましたので」。孔子が弟子に命じ、乗り物、衣裳、金銀、財宝等を与へさせ、いふやう、「お前が慕つてきたのは、私自身ではない」と。

さらに、藤原道長の子の関白頼道の話をする。

あるとき、平服の頼道が宮中の風呂焚き場のやうすをみてゐた。そこの役人が見咎めて、「むやみに宮中へ入るとは何ごとだ」と追ひ出した。今度は関白の衣裳に著がへて厳しく出てくると、役人は遠目にも恐れ入つて逃げ去る。頼道、自分の装束を竿に掛けてうやうやしく拝した。人がそのわけを聞くと、

「『我、人に貴びらるるも我が徳にあらず。ただこの装束の故なり』と。愚かなる者の人を貴ぶ事是くのごとし。経教の文字（経文）等を貴ぶ事も又た是くのごとし」。

道元は、世の言行が、対手の真実相を窺はずして軽佻浮薄に行なはれ、何ら反省もなく進行してゐることを歎くのである。ゆゑに『古文孝経』を引き、

――古人云く、『言、天下に満ちて口過ち無く、行なひ、天下に満ちて怨悪を亡ず』と。是れ則ち言ふべき処を言ひ、行ふべき処を行なふ故なり。至徳要道の行なひなり。

古人が、「為政者の言行、社会万般に行きわたつてゐて、その言葉には過りがない。行なひを怨み誹る者もない」といふのは、正しく吐き、正しく振る舞つてゐる者についてのみいひうること。これを、最高の徳、最も大切なところを心得た振舞ひとする。

つまり逆よりいへば、おのがじし、つね自己を猛省しつつ、いつも正しかるべき言動とは何かを念頭から離さないでゐなければならぬこととなる。理想社会を追ひ求める以上、この要諦、永続して気に留めつづけるのが肝腎である。

仮に、他人さまらの真贋判定問答なる集ひがあるにせよ、出るには相当ためらふ。といふより、断然お断りしたい。辛口批評は苦手だし、どうせ自身を八つ裂きにされるが落ち。返す刀には、大いにびくつく。

世のひとをいともあつさり断じたる書生の小智慧
あふれをりしか

愛郷心序説⑨

「貨幣束縛の解放」貨幣支配から自然、人間の解放へ!!

奈良県御所市議会議員　杉本延博

腐敗した政財界を糾し、国民大衆を救済して、真姿日本の正道に回帰する。これが、五・一五事件蹶起の事由であった。その檄文は、「政権党利に盲(めし)ひたる政党と之に結托して民衆の膏血(こうけつ)を搾る財閥と更に之を擁護して圧政日に長ずる官憲と軟弱外交と堕落せる教育と腐敗せる軍部と悪化せる思想と塗炭に苦しむ農民、労働者階級と而して群拠する口舌(こうぜつ)の徒と…日本は今や斯くの如き錯綜せる堕落の淵に死なんとしてゐる」と訴えている。

新自由主義を推進して利益を貪る金権利得者、国の尊厳を考えず、いまだ軟弱外交を続ける亡国政治家等の存在を見ていると、今の世にも通じている言葉ではないだろうか。

また三島由紀夫、森田必勝両烈士の檄文は、戦後精神痴呆症ともいうべき戦後体制の悪しき部分をストレートに指摘した。

経団連事件の檄文は「環境破壊によって人心を荒廃させ、消費は美徳の経済思想を蔓延させることによって、日本的清明と正気は、もはや救い難いところまで浸食されている。」と訴えている。都会はコンクリートで固められ、地方も開発の名のもと山林が削られ、森林も間伐されず荒れ放題、田園を放棄される地が増えている等、麗しい山紫水明の風景が失われていく。

なぜ檄文をつらつら記してきたのか？時代は違えども訴えている内容が、今の世にも通じているからだ。

資本主義から新自由主義、グローバリゼーションへと、現在の体制がどれだけ日本民族の正気を浸食しているのだろうか。

精神が喪失され、自然が壊され、人間性が疎外される等、民族共同体の良き場が消えていこうとしている。世界が均一、画一であるわけがない。各民族には特性、歴史、文化、風土があるのだ。グローバリゼーションのもとすべてが無くなっていく。これらを守るためにも、制度変革、社会再興の転換期に差し掛かっていると考えている。

今流行りのＳＤＧｓで世界を救うことができるのであろうか？かつて１９７２年にローマクラブが「成長の限

界」と題した問題提起を行ったことがある。結局は同じことではないだろうか？思想や体制が変わらない限り、資本主義、新自由主義のもとでは解決できないだろうと思う。

小生が考えていることは「貨幣束縛の打破」である。

今は人間も自然もすべてが貨幣に支配されている。本来、貨幣は商品交換の手段であったはずだ。いつの間にか「神」から「金」が支配する社会。貨幣が支配手段に代わってしまった。貨幣に人間、自然が支配された結果、貨幣に纏わる争い、憎しみ、悲しみなど人間にとって、不幸な場が増えてしまった。人間は貨幣のために生きているのではない。今こそ貨幣の呪縛を解き放ち、人間精神復興の動きを見せていくべきだ。

資本主義、新自由主義の核心である貨幣の存在価値を支配手段から交換手段へ改めることが必要ではないかと考える。私が問題提起したいことは貨幣からの人間の解放、自然の解放なのである。

日本民族共同体は自然と人間の調和で成り立つものであった。生きとし生けるもの、自然の山川草木に至るすべてのものに神が宿ると考えられてきた。そこには当然、貨幣よりも尊い民族的思想があったのだ。

儲けて貨幣を多く持つこと、これが世の勝者となる。儲けの為なら人を騙しても搾取しても構わない。儲けの為なら自然を破壊しても構わない。自己中心の経済的利己主義では共同体が滅んでしまう。民族共同体を支える思想は相互扶助、互助互譲であらねばならない。つまり利己よりも利他の行いが尊重されることだ。

第52代　嵯峨天皇は「諸国の吏を戒め給える勅」のなかで「国を治める要諦は、国民を富ませることである。」と仰せになられている。

困っている者があれば助け合い、支え合っていく。適材適所に国民の能力が発揮できるような場を創っていく。人間を尊重しながら自然と調和して共同体と国民が富み栄えていく社会であってほしいと願う。これこそが日本的民族共同体、高天原の基本要諦であるのだ。

貨幣束縛から解放された一君万民の民族共同社会の実現こそが、麗しい山河を守り、人間本来の生き方ができ、真の繁栄がもたされることだと考える。

勿論、体制が変わるだけではなく、心と精神の変革も必要なのだ。次号にてその考えるところを書いていく。

三島由紀夫と国体論

三島由紀研究会代表幹事
玉川博己

国体とは何か

「国体」という言葉が使われたのは幕末の後期水戸学からで、天皇が日本を統治するという意味で使われた。そして、天照皇大神（皇祖）の子孫である天皇は天壌無窮の神勅を奉じてこの国を統治し、初代天皇（皇宗）たる神武天皇以来の万世一系の天皇でなくてはならない、ということになる。

これまで、いろいろな人が天皇論を書いてきたが、ここでは、三島由紀夫の「文化概念としての天皇論」を取り上げたい。三島由紀夫によれば、日本を守るということは、日本文化を守ることである。天皇というのは日本の歴史的連続性、民族的同一性、文化的全体性を象徴する存在であるから、すなわち天皇を守ることが日本文化を守ることになるのである。この「文化防衛論」を一言でいうと、こういうことなのである。

天皇とは文化の象徴であって、日本文化を守るということは天皇を守ることであり、また天皇を守るということは日本の歴史・伝統・文化を守るということである。つまり、日本文化を守るとは、国民の生命、財産あるいは自由と民主主義という西欧的な価値や観念を守ることではなく、天皇を守るということなのである。

日本が何故、日本であるのか。日本と他国との違いは、どこにあると思うか？　それは、日本には天皇陛下がいらっしゃるということである。自由主義だ、民主主義だ、議会制民主主義だと、そんなことはどこの国でも同じである。しかし、日本には、日本独自の守るべきものがある。それが天皇なのである。「天皇は国体であり、国体は天皇である」と三島由紀夫は書いているが、まさにこのことなのである。

戦後「象徴天皇」として、多くの政治家が天皇は国民の憧れの対象であり、象徴であるなどと語ってきた。しかし、なるほどこれは、という言い方はなかった。むしろ、ミッチーブームといわれる、（現在の）美智子上皇后のご成婚時のフィーバーぶりのように、皇室が週刊誌的捉え方をされるようになってきた。あのイギリス王室と同じような捉え方をされるようになってきてしまったのである。また戦後教育において国体も天壌無窮も教えられてこなかった戦後世代にとっても天皇をどう捉えてよいか分からなかった。そういうモヤモヤとした風潮に対してズバリ明快な回答を出したのが、三島由紀夫の「文化防衛論」だったのである。

「文化防衛論」は、日本の文化が守れていないという三島由紀夫の憤りであろうか。昭和三十年代に、いわゆる右肩上がりの高度経済成長時代があった。それにともない、物質文明が発展する、景気がよくなる、しかし、軽佻浮薄、経済至上主義、経済大国であれば良いという雰囲気があったのである。日本は日米安保条約の下、アメリカの核の傘に入って、防衛は適当にやっていく。外国から商人国家と蔑まされても、経済だけでやっていくという「昭和元禄」の風潮に、精神的な危機を三島由紀夫は感じたわけである。経済は潤っても、日本人としての精神を忘れている！ということである。一方で、あの時代は大学紛争が盛んであったから、三島由紀夫は、もしかしたら日本にも共産主義革命があるのではと非常に強く危惧していた。それがあの昭和四十三年の10・21国際反戦デーの新宿騒乱事件であった。ひょっとしたら、治安出動につながる騒乱事件が起きるのではという不安（あるいは期待）から三島由紀夫は「楯の会」を作ったのである。そして、これを逆のテコにして、治安出動と同時に一挙にクーデターに持ち込んで、憲法改正をしようと考えていたと言われている。

自民党は「自由と民主主義」と言う、左翼は「平和と民主主義を守る」と言う。体制側と反体制側であるが、実は大して変わらなかったのである。日本国憲法も日米安保条約も実は戦後体制を守る両輪であり、自民党も社会党も同じ穴のムジナ、結局は戦後アメリカから与えられたものを後生大事に守ろうとしていたのである。そこに、三島は「守るのは自由でも民主主義でもない、日本だ」と主張した。あの自決の時の檄文の最後にもある。

「守るべき日本の文化」とは

さて、日本の文化たる天皇であるが、「文化防衛論」の中で、日本文化の三つの特質が説明されている。国民文化の「再帰性」、「全体性」、「主体性」である。難しい言葉である。しかし、この三つの言葉は、うまく日本文化を表現していると思う。

まず「再帰性」とはどのようなものかというと、三島由紀夫の言葉で言う「オリジナルとコピー」である。具体的に言うと伊勢の式年遷宮がある。もともとあった伊勢神宮はオリジナルである。二十年経過すると、全く同じ建物を建てる。つまり、オリジナルをコピーするわけである。しかし、そのコピーが次の二十年のオリジナルになるのである。これが再帰性である。「全体性」というのは、全体性、トータルである。

「主体性」というのは、日本文化の自立性ということである。天皇がいらっしゃるということが日本文化であり、この文化やその特質が何者かによって侵されるのならば、闘わなくてはならない。この三つを総合したものが、日本文化を守る文化防衛論なのである。

日本の文化が世界の中でも特異であるということを、再認識させられる。ただ、三島由紀夫の場合、排外的ではないのである。たとえばゲルマン文化、アメリカ文化、フランス文化など外国文化は認めている。その上で、同時に、日本文化も大事にしなければならないと言っている。どちらが上とか、なんでもこちらが偉いんだというわけではない。

日本は大昔から、大陸文化や西洋文化を受け入れ、咀嚼吸収して日本独自の文化にしてきている。それは包容力とか全体性、主体性につながる。

三島由紀夫は、戦後の日本人が咀嚼吸収はしても、発露できないことに危機感を抱いたのであろうか。昭和四十年代の日本の社会は、オールアメリカ崇拝であり、物質が第一で、豊かでさえあれば精神はどうでも良いという風潮だったのである。これを三島由紀夫は危惧した。

面白いのは、三島由紀夫の趣味が和風一辺倒ではなかったということである。ビフテキも食べるし、ボディビルで体を作った。南馬込の家は、コロニアル風のキラキラした家だった。三島由紀夫自身も「悪者が住むようなキンキラキンの家」と言っていたようだが。日本学生同盟から一期生として楯の会に参加した山本之聞氏は三島邸での会合から日学同本部に戻ってきたとき「なんだ、三島先生は西洋かぶれじゃないか」と言っていた。

三島由紀夫は外国に旅行し、作品も外国で多く読まれていたから、そういった影響もあったのかも知れない。

さて、「文化防衛論」の中で、「天皇は自衛隊に対する軍旗の授与をすること。これが文化を守るのだ」とあるが、これはどのように解釈すればよいのだろうか。

三島由紀夫は、日本の文化を「菊（文化すなわち天皇）と刀（武）」という言葉で説明した。この二つは、どちらか片方では成り立たず、両方あって初めて日本の文化なのである。そして、この二つが最終的に帰一する根源が天皇なのだから、軍事上の栄誉もまた天皇から与えられなければならない。現行憲法下でも可能だと思うが、「栄誉の大権」として、自衛隊の連隊旗は天皇から与えなければならない。三島由紀夫はこう述べているのである。

三島由紀夫は「文化防衛論」の他に「栄誉の絆でつなげ、菊と刀」という論文を書いている。これは、つまり、天皇が自衛隊に栄誉を与えることができる栄誉大権を持つことが大事だと言っている。世の保守・民族派と違って、三島さんは今の民主主義でいい、象徴天皇でもいい、とも言っている。ただ、天皇に権威が必要だと言っている。

三島由紀夫には独自の軍事論があるといわれた。すなわち自衛隊二分論である。簡単に言えば、自衛隊を、国連軍に入れるものと、国境警備隊との二つに分けるというものである。現在、集団的自衛権やＰＫＯが言われているが、当時も三島由紀夫は平和維持のために日本にも国連軍に参加する軍隊が必要だろう、そして、日本の国土防衛に任務を限定した国境警備隊も当然必要であるというのだ。実は、これにはモデルがある。それは当時の西ドイツだ。連邦軍（ＮＡＴＯ軍指揮下）と国境警備隊では制服も変えて存在していた。

当時の西独連邦軍は米軍式のヘルメット、国境警備隊は大戦中の国防軍と同じヘルメットを被っていた。それが三島由紀夫の自衛隊二分論のモデルだったのであろう。その場合、国連軍に加入する自衛隊にも、天皇陛下が連隊旗を授けるのであろうか。

それは直接には書いていない。実は、天皇の統帥権については、三島由紀夫は特に言ってはいない。言っているのは、栄誉大権についてである。天皇は陸海軍を統帥する。このわずか一条が、戦前は拡大解釈されていったという議論がある。

いにしへのうたびと　第五回

大伴家持の美意識と苦悩　下

歌人　玉川可奈子

陰と陽の極致

越中国では家持の美の究極ともいふべき歌が詠まれました。それが次の歌です。

春の苑　紅にほふ　桃の花
**　下照る道に　出で立つをとめ**（十九・四一三九）

天平勝宝二年（七五〇）三月一日の暮に「春苑の桃李の花をながめて」作つた歌で、家持の傑作の一つです。意は、「春の園に紅く照り映える桃の花、この花の下まで照る道に立つをとめよ」となります。春苑・桃李・郎女を詠み込む手法は支那詩の影響と、古くから指摘されてゐます。また結句の「をとめ」は妻、坂上大嬢（おおいらつめ）が意識されてをりませう。

支那の手法を駆使しても、日本人たる本質を失はなかつたのは父・旅人と共通してゐます。そして、揺れ動く政界と自身の性格との間で、家持は独自の境地に到達したのでした。

同じ月の二十七日には、

春のうちに　楽しき終（おえ）は　梅の花
**　手折りをきつつ　遊ぶにあるべし**（十九・四一七四）

と詠みました。幼き日、天平二年（七三〇）正月の大宰府で行はれた梅花の宴を時期外れながら追和した歌です。

これらの歌は、家持の内面において、陽の部分で到達した歌境を示してゐます。次にその反対を見てみませう。

天平勝宝三年（七五一）七月十七日、少納言に任命され家持は都に帰ることとなりました。栄転です。

都では天平二十一年（七四九）、聖武天皇の譲位と藤原仲麻呂の大納言昇進がありました。日に日に藤原氏の勢力は増大して行きます。恐らく家持はこれから起こることを薄々と感じてゐたのではないでせうか。そこで、陰の部分で到達した歌境が、次の三首です。

春の野に　霞たなびき　うら悲し
**　この夕かげに　うぐひす鳴くも**（十九・四二九〇）
我がやどの　いささ群竹　吹く風の
**　音のかそけき　この夕べかも**（四二九一）
うらうらに　照れる春日に　ひばり上がり
**　心悲しも　ひとりし思へば**（四二九二）

天平勝宝五年（七五二）二月二十三日と二十五日（新暦四月五日と七日）、三十六歳の時に詠んだ歌です。前の二首は二十三日に詠まれました。

それぞれの歌の意は、「春の野に霞がたなびいてなにやら心が悲しい。この夕べに鶯が鳴いてゐる」、「私の家のわづかな竹の間を過ぎる風の音のかすかな夕暮れよ」、「うららかに照る春の日に、ひばりが飛び立ち、やたらと心が沈む。ひとり物思ひにふけつてゐると」となります。

注目すべきは四二九二番歌の五句目で、恋を除いて「ひとり」に「思ふ」を連ねる言ひ方は集中にこの一例のみです。この巻十九末尾三首は、家持が到達した歌境を示すものといつて良いのですが、それらは総じて陰を為してゐます。

このあたりが、家持が苦悩の世界に入る分岐点となりませう。

防人歌

天平勝宝六年（七五四）二月から、家持は兵部少輔に就任し、防人に関する事務の総指揮にあたることになりました。このときから、彼は日本文学史上に残る業績を残すのです。それが防人歌の収集です。ここで、少し防人について述べておきませう。

防人とは崎守の意味で、九州北部沿岸や対馬、壱岐の警護にあたつた兵のことです。『日本書紀』によれば天智天皇三年（六六四）に烽と共に配備したのが防人の始めです。設置の理由は前年の白村江の戦ひで百済を支援しましたが、唐・新羅の連合軍に敗れその襲来を恐れたことによります。

当初、防人には西国の兵をあててゐましたが、大宝年間（七〇一～七〇四）になるまでには東国の民を用ゐるやうになりました。定員は三千名で、二十一歳から六十歳以下までの正丁を動員しました。任期は三年で、毎年千人ずつ交替しました。防人は軍隊というよりは、あくまでも警備や監視が主任務でした。軍隊は九州各国に数千人の軍団がありました。平時は、現地で自給自足をしながら任務にあたつてゐました。東国兵の理由は逃げ難いなど数多くありますが、私はその忠誠心を主と見てゐます。

なお憲政史家の倉山満氏は、防人の意義を「全国民が国家を守る国民国家の誕生」と現代の万葉学者とは真逆の評価をしてゐます。国史の本質に昏い彼らには、倉山氏のやうな大局的な評価はできないでせう。

『万葉集』には九十八首の防人とその家族の歌が収められてゐます。そして、その多くを占める八十四首が天平勝宝七年二月に交替のために筑紫に向かつた防人の手によつて作られ、家持に進上されました。

ここでは、特に常陸国（現在の茨城県）の防人歌を見てみませう。常陸国の防人歌は十七名の歌十首、うち長歌一首が『万葉集』に録されました。左注によると拙劣の歌は載せなかつたといひます。この時二月十四日、載せられたのは、信太郡の物部道足。そして他にも占部広方、防人で唯一の長歌を詠んだ倭文部可良麻呂らがゐます。

筑波嶺の　さゆるの花の　ゆどこにも
かなしけ妹ぞ　昼もかなしけ（二十・四三六九）

霰降り　鹿島の神を　祈りつつ
皇御軍に　我は来にしを（二十・四三七〇）

この二首を詠んだ大舎人部千文は上丁（一般兵士のことでせうか）、先述の通り那賀の郡の出身でした。前の歌の意は、「筑波山に咲く小百合のやうに、旅の寝床でも、私の恋人は昼も愛しいものである」で、次の歌は「霰が降るといふ鹿島神宮の神様に無事を祈り、天子様の軍に私は来た」です。

一首目の筑波嶺の歌は東国のなまりが顕著に出てゐるのが特徴的です。「さゆる」は小百合。「ゆどこ」は夜床。「かなしけ」は愛しきです。民謡のやうに軽快な調べで、一見して防人の歌とは思へない感じもしませう。二首目の、「霰降り」は鹿島の枕詞。鹿島は武甕槌神をお祀りする鹿島神宮です。旅の無事を祈つたのでせう。

「皇御軍」は見事な表現で、防人歌の中でこの表現を用ゐたのはこの歌のみです。家持の手が加はつたものとは考へ難く、千文の力量のなせるわざといへませう。結句の「来にしを」の「を」は斉藤茂吉同様、感嘆の助詞と解しました。

千文の二首から、次のことがわかります。それは家族、妻（恋人）を思ふ情です。この点は、防人歌に共通してゐます。もう一つは心の継承です。これは千二百年後、大東亜戦争において若き将士へと受け継がれていきます。

かつて松村太樹さんが「女子高生に語った大東亜戦争」（「日本」平成三十年九月号）で指摘したやうに、若い将士は皆、『万葉集』巻二十の防人歌を携へ、愛唱しました。そのことは、靖國神社社頭や遊就館に展示された「英霊の言の葉」を見れば理解できませう。

また、千文の歌が家持に呈上された同日、下野国の今奉部与曾布（いままつりべのよそふ）の次の歌を見てみませう。

今日よりは　かへり見なくて　大皇の
醜（しこ）の御盾（みたて）と　出立つ我は　（二十・四三七二）

妻や恋人を思ふ歌ばかりではありません。このやうに勇ましい心を歌つたものもあるのです。

古くから受け継がれる真の日本人は優しくあたたかいだけではありません。一旦緩急あれば、義勇公に奉ずる勇気と言挙げせず任に赴く使命感をも受け継いでゐるのです。

与曾布の歌を一団の景気付けのやうにいふ万葉学者もゐますが、彼らには使命感といふ観点が抜けてゐます。きつと集団で何か大きな目標に向かつて取り組んだことがないのでせう。

これらの防人歌をとりまとめた家持は、彼らに厚い情を寄せました。そして、彼らの妻になり代はりいくつかの歌を作りました。その内の一つが、次の歌です。

今替る　新防人が　船出する
海原の上に　波な咲きそね　（二十・四三三五）

新たに出発する防人の船に、「波よ、来ないでおくれ」と叫ぶ。防人は公を思ひつつ、父母や妻にも情を寄せました。家持も防人らに対して情を欠かしませんでした。家持も防人たちも、情の人だつたのです。

在宅医療から見えてくるもの
西洋近代文明の陥穽とその超克⑥

目では見えない大事なもの

医師　福山耕治

「あなたが生まれたとき、周りの人は笑って、あなたは泣いていたでしょう。だからあなたが死ぬときは、あなたが笑って、周りの人が泣くような人生をおくりなさい。」

ネイティブアメリカンの教え

あなたはこの言葉をご存じだろうか？　近年在宅医療に関する本が多く出版されており、時にこのネイティブアメリカンの教えが引用されているので目にした人もいるかも知れない。筆者は在宅医療に従事するようになって多くの方々の最期を診させていただいたが、その中で（すべての人がそうであるとは言えないまでも）実際にご本人が安らかなお顔で周りの人が泣きながら最期を迎えられるのを何度も目にしてきた。最後の瞬間だけでなく在宅介護のスタートの時点、つまり老病死の始まりの時点から周りの人が一生懸命に心配し、世話を焼き、何とかご本人が心穏やかに暮らせるようにと頑張っておられた。もちろんご本人からすれば老病死のさなかにあれば心細く不安で大変なこともあるだろう。もちろん死んでしまうことは怖いだろうし、ご本人も周りの人も永遠の別れは本当に寂しくてつらいだろうと思う。しかしそれは誰だって同じとすると、死ぬ間際に誰かが傍にいてくれて心から心配し別れを惜しんでくれるのと、そうでないのとでは、雲泥の差があると言える。家族から一生懸命介護を受けている患者さんを診察しながら、ふと「自分だったらこんな風にしてもらえるのだろうか?」とつい考えてしまう。もっと言うと、「もしも自分自身が今まさにあの世に旅立とうとしている時にこの患者さんのように誰かが傍にいて心配してくれたなら、それだけで十分であり他には何も要らないだろう」とも思う。

少年マンガ

筆者は子供のころから負けず嫌いだった。ジャンケンでもトランプでも将棋でもテレビゲームでも。負けると悔しくて勝つと嬉しい。スポーツや勉強も同じことだ。だから勝ちたいと思って努力する。少年マンガのように。

世間知らずだったころから、寝ても覚めても、少年マンガが大好きだった。友情・努力・勝利……。努力を重ね成長して仲間と協力して強大な敵に打ち勝つ。一度敗れたとしてもくじけずにまた修行や練習を積み重ねて次のときには雪辱を果たす。何という喜びだろう。しかし、喜んだのも束の間、更に強大な敵が現れる。そしてまた努力を重ねる。例えば「スポーツもの」では町内の強敵を倒せば市や県のレベルの強敵が現れる。倒した相手が仲間になったりして今度は地方を制し全国を目指す。全国を制覇した先には全世界が待っている。全世界の先にはプロの世界がある。プロで栄華を極めたとしても今度は過去や未来の猛者がいて……。

では、みんながみんな少年マンガのように勝ち続けて世界のその先までたどり着けるのだろうか?もちろんそんなわけには行かない。いつかはどこかで限界を迎える。才能や努力によって(時には運も関係する)到達できる限界は違ってくるが、遅かれ早かれそれぞれにどこかで挫折や敗北が待っている。頂点を極めることができるのは限られた人だけだ。残念ながらその他大勢の人はどこかで自分の限界を受け入れなければならない。もしも勝ち続けることに絶対の自信のある人がいるとしたら、その人は、①真の世界一か、②世界の広さを知らない人か、③意図的に世界を狭めている人ということになるだろう。

人であれ企業であれ、スポーツで、勉強で、芸術で、ゲームで、売り上げで、新商品開発で、みんな日進月歩で先を競い合っているのが世の中だ。勝負や競争は人や企業を成長させる。このように勝負や競争は成長に必要な要素と言えるが、その一方で落とし穴もある。

まず、競争に勝つことばかりを考えて自分本位になってしまうことだ。自分さえよければ他の人がどうなろうと関係ないと思ってしまう。さらに悪くすると、人の成功を喜べなくなったり人の失敗を喜ぶようになったりすることもあり得る。

そしてもう一つが、競争原理が頭に染み付いてしまって、何から何まで比較してしまうようになることだ。本来は比較しなくて良いものまで無意識に人と自分を比較してしまう。年収や役職や学歴や容姿、それに所有している車や腕時計やバッグ、着ている服や靴、果ては友達の数やtwitterのフォロワー数や動画の再生回数…。比較しただけでは終わらない、そこから優越感を得たり劣等感を感じたり…。こちらが劣等感を持っていないとしても先方から一方的にマウンティングされてしまうこともある。そしてどこまで行っても上には上がいて勝ち続けることもできない。本当は比較などせず「自分は自分。人は人。これが自分。これが自分のもの。気に入っている。」と思っていれば良いのに。

「地位財」と「非地位財」

経済学者のロバート・フランクは「地位財」「非地位財」という概念を次のように定義している。「地位財」とは、「他人との比較優位によってはじめて価値の生まれるもの」であり、例えば、所得、社会的地位、車、家などがこれに該当する。

一方、「非地位財」とは、「他人が何を持っているかどうかとは関係なく、それ自体に価値があり喜びを得ることができるもの」であり、例えば、休暇、愛情、健康、自由、自主性、社会への帰属意識、良質な環境などがこれに当たるとされている。この連載で繰り返し論じてきた主観と客観の視点からすると、「地位財」は客観的で分かりやすく目で視えるものであると言えるし、「非地位財」は主観的で分かりにくく目では視えないものと言えるだろう。

冒頭の「死の間際に誰かが傍にいて心配してくれること」というものはまさに「非地位財」であり「他人

が何を持っているかどうかとは関係なく、それ自体に価値があり喜びを得ることができるもの」と言える。ただし、どんなに社会的地位が高くてもどんなに金融資産を持っていたとしても得られるかどうかは分からない。ネイティブアメリカンの教えにある「あなたが死ぬときは、あなたが笑って、周りの人が泣くような人生」を送っていなければ得られないものだ（ただ時々傍目には一見そのように見えない自分本位で破天荒な人生を送られた方が愛されていることもあるので、世の中が不思議に感じられることもある）。

在宅医療に従事するようになって「非地位財」の重要性に気付くことができた。もちろん「地位財」はないよりあったほうが良いに決まっている。「多多益々弁ず」とも言う。誰だってより多く持っているほうが望ましいと思うだろう。しかし、「地位財」は「他人との比較優位によってはじめて価値の生まれるもの」でありながら、上には上がいて人と比べることが必ずしも幸せにつながらないという致命的な自己矛盾を孕んでいる。マウンティングはそれ自体が醜いものであり気持ちの良いものではない。一方の「非地位財」は、他人が何を持っているかどうかとは関係なく必ず幸せをもたらす。ただ主観的で目で視えないものであり分かりにくいという難しさがある。

テレビやインターネットなどで膨大な情報が飛び交うこの現代にあって、自分だけに集中し人と比較しないでいることは難しい。いやがおうにも目や耳に情報が飛び込んでくる。ソーシャルネットワークサービス（ＳＮＳ）には比較やマウンティングの落とし穴が潜んでいる。西洋近代文明の根幹である科学には客観性や比較が必要不可欠であるが、人が幸福でいるためには客観性や比較はむしろ不必要で邪魔な存在である。これが超克すべき西洋近代文明の陥穽である。

あなたは自分の人生が尊いと感じるだろうか？　世の中が素晴らしいと感じているだろうか？　もしもそうでないとしたらそれは何故だろうか？「非地位財」の重要さに気付いているだろうか？　あなたが死ぬときは、あなたが笑って、周りの人が泣くような人生を送っているだろうか？　サンテグジュペリは世界的ベストセラー「星の王子様」の中でこう言っている。「大事なことは目では見えない…」と。

竹下登論②

調整型社会の実現が必要だ（続）

里見日本文化学研究所講学生　田口　仁

調整型政治家・竹下登の真価

「説得しつつ推進し、推進しつつ説得する」。これが、「調整型」政治家・竹下登の口癖だった。「敵をつくらず、粘り強く、いわば茶目っ気たっぷりに根回しを浸透させていく」（岡崎守恭『自民党秘史』）のが、竹下のやり方だった。

ところが、グローバリズム化が進み、小泉純一郎や竹中平蔵の様な独善的な輩が中心になってしまった状況を見ると、こうした日本型の政治家は死滅したに等しい。

竹下が見出した野中広務は次のように語っていた。

「竹下さんの政治は、まわりくどいけど、和を大切にした。……根回しを否定していたら、結果は出てこないですよ。……いまはそういう調整をする人がおらんようになってしまった。日本人の精神のなかに、議論をするだけではなく、水面下で根回しをして、表の関係を円滑にしようとするものがあるんです」（菊池正史『官房長官を見れば政権の実力がわかる』）。野中は「国民を中流に押しとどめる」といった発言もしていたようだ。

竹下自身は、「利害相反するものの間にあって、両者の調和をはかるということも、新しいリーダーシップの中に入るのではないか」（花岡信昭他著『竹下登・全人像』）、「話を詰めるときは、相手のところへ下がる。実際は、相手を引き上げながら話をするんだよね。……ほんとうは相手の立場まで下がる、あるいは相手の立場を引き上げていく能力があるいうことなんだ」（竹下登『政治とは何か　竹下登回顧録』）などと語っていた。

こうした調整型の実年者が減ったため、一億総中流が無くなり格差が拡大し、パワハラやセクハラなどが表面化するギスギスした社会になったのだと思う。

前回、「竹下は人前では怒らないようにしていた」と書いたが、長年、自民党幹事長室長を務めた奥島貞

雄は「竹下が幹事長の時に、頓珍漢な事を陳情してきた新人政治家が帰ると、数分、幹事長室内をウロウロして、『あいつはポンだ』と吐き捨ててから、笑いながら我々の前に出てくる」(『自民党幹事長室の30年』)というエピソードを披露している。

竹下自身は人前で自分の感情を表に出さなかった。その分、眼つきは物凄かった。「目は口程に物を言う」である。リクルート事件の時に「あなたの手は汚れているんだ!」と社会党議員から言われた時の眼つきは、YouTubeなどで見ることができる。

平成元年四月二五日の退陣表明後の記者会見では、「今の首相の胸中は無念か」と聞かれて、「元来、自分の感情を表に出さないことをむねとしてきたので、無念ということはない。私の決断に従って取った行動に対する平常心ということだと思う」(塩田潮『出処進退の研究』)と述べている。組織の上に立つ者はこれくらいの忍耐を課すべきだと思う。

こうした調整、気遣いこそが、日本社会の安定を支えていたように見える。

九州大学教授の施光恒氏も次のように書いている。〈日本では、国民の一人ひとりが敏感な調整主体となって、秩序を安定させている。……日本は「気遣い」のような温和な方法で、秩序を維持してきたのです。……確かに、日本は胃が痛くなるような社会ではあるけれど、互いに気を遣い合うことで治安は安定し、街は清潔に保たれるなどいい面も多い。「やさしい」という日本語の語源は、「痩せ細る」だといいます〉(小林よしのり『コロナ論5』)

調整型政治家が生まれ、そして消えていった理由

では、なぜ竹下登のような政治家が存在できたのか。「戦前生まれ・育ちの戦争経験者だから」だったのではないか。高度成長期の池田勇人・佐藤栄作・田中角栄は明治・大正生まれであり、バブル経済期の中曽根康弘・竹下登・宇野宗佑・海部俊樹・宮沢喜一は大正・昭和小国民世代生まれである。

保阪正康が指摘するように、高度成長期からバブル経済崩壊前後の日本の組織は「軍隊的」だった。日本の金融機関は、「護送船団方式」（一番遅い船に合わせる）と呼ばれたように、全員で協力しながら調整してやっていたのである。

平成初期の村山富市・橋本龍太郎・小渕恵三が首相の間は、そのような雰囲気は残っていたが、小泉純一郎以降の昭和二十年前後生まれ以降が社会の中心になってくると、「調整力」「組織力」が薄くなっていったのだと思う。

また、戦前を知っていれば、昭和四年十月の世界恐慌から娘の身売りなど格差社会が顕著化して戦争になっていった経緯を知っているため、野中広務のように「国民を中流に押しとどめる」と言った発言が出てくるのだと思う。

平成二年（一九九〇）生まれである私の幼少期（平成初期）には、まだ少しはそういう雰囲気が残っていたように思う。前回紹介した母方の祖母が典型例である。これが壊れていったのは小泉構造改革前後である。

実年者が人間的にバカになったから、パワハラやセクハラが問題化しているのではないか。私が人事部長なら、「お前が部下の話を聞かないからこんな事になるんだろ。飲みにでも行ってコミュニケーション取って来い」と言いたくなる。

江戸幕府では、百姓から一揆や越訴を起こされると、その藩は取り潰されるか藩主は石高の低い藩（棚倉藩が有名）へ飛ばされたそうである。要は、「お前の統治能力が低いから百姓から反抗されるんだ」ということである。

それと同じで、竹下の様な調整能力を持つ上司がいなくなったからこそ、パワハラやセクハラが表面化し、ギスギスした世の中になってしまったのである。

調整型社会へ戻していく処方箋

では、どのようにして調整型社会を取り戻せばいいのか。まず、三十代前半の小生も含めて、それより下のいわゆる「ゆとり世代」の社会人諸氏には、「竹下登」のような調整型の人物が昭和末期から平成初期には多かったことを、小生の文章などから追体験して頂き、時計の針を「失われた三十年」より前に戻す努力をしてもらいたい。パワハラやセクハラはグローバルスタンダードになってしまったし、人権意識まで時計の針を戻せとは言わない。

しかし、その中でも「説得しつつ推進し、推進しつつ説得する」や「利害相反するものの間にあって、両者の調和をはかる」は、松下幸之助や本田宗一郎らの名言にも劣らない金言であると思う。

また、「人前では怒らない」や「自分の感情を表に出さない」について完璧にやることは無理だとしても、社会人としてある程度は心掛けて節制するべき事だろう。吉野家の上役が自社の商品を貶める暴言を吐いて問題になったが、自分の本心を表に出してしまうからこういう事になるのである。上に立つ者なら竹下ほどでなくともそれなりの精神鍛錬をして、言葉を選びながら発言せねばならないだろう。

次回は、竹下登が掲げた「ふるさと創生」について述べたいと思う。

【書評】

『協同組合と農業経済』

あらゆる産業において「競争の自由化」が実施されれば、その産業が活性化するという定説が蔓延している。特に農業においては、「稼げる農業」と称して大規模化、株式会社化を進め、補助金を減らしていくことが正しいかのような説が流され続けてきた。だが本書はそれが誤りであることを明確に証明している。

市場にゆだねればすべてうまくいくかのような言説が新自由主義者によって流され、民営化やむき出しの自由競争が礼賛された。それによって格差が拡大し、文化破壊が行われてしまった。著者は、こうした競争の弊害を克服するためには協同組合の存在が不可欠であると説く。公と私の二元的経済関係ではなく、そこに「共」の概念を入れ、「共」を強化していくことが不可欠なのである。特に農業、林業、漁業といった第一次産業においてはそれが顕著である。近年は、第一次産業にかかわる政策でグローバル資本を利する政策が取られ続けた。著者は寡占が進むと、政治家を買収し自身に有利なように法律を作ることでルールを変えてしまう、「政策を買う」行為が行われると警鐘を鳴らす。そうした恣意的な政治を妨げる意味でも協同組合は重要なのだ。

農業においては「農協改革」が叫ばれ、農協つぶしによってグローバル資本を肥え太らせる方針が取られている。農業競争力強化支援法（2017年）によって農協を中抜きした直接取引を推進し、全農の株式会社化が日米合同委員会においてアメリカ側から要請があった。それを受けてか安倍晋三氏、小泉進次郎氏が全農を悪玉視する発言をしている。

鈴木宣弘 著
東京大学出版会刊
4,400円（税込）

林業においては「国有林管理経営法」が改正され、所有権は国にあるものの、五十年にわたって民間事業者が樹木採取を行うことが可能となってしまっている。仮にそれによって森が荒れ果ててしまった場合、再造林する負担は公費で行うという異常な内容だ。さらにオリックスが行う木材チップによるバイオマス発電に森林環境税も投入される優遇ぶりである。

漁業においては、オリックスが銚子沖で洋上風力発電をするのに邪魔だからということで漁業法を改正し、漁協に漁業権の優先を与える措置をなくした。

ことほど左様に第一次産業において政府と結びつく大企業やグローバル資本に優遇措置が取られ続け、そのやり玉にされてきたのが協同組合＝コモンであった。かつては山や海や農地は共用資源とされ、誰かが占有するものではなく、その保全、利用は共同管理で行われてきた。それを「市場にゆだねる」というイデオロギーをもとに破壊し、なおかつ政治と近しい企業がそれを請け負う構図が出来上がってしまっている。それを可能にした条約の一つがTPPであり、その点でもTPPは罪深いのだ。

本書の趣旨は簡潔で一貫している。暴走しがちな私＝企業に対し、社会に適切に富の分配が行われ、持続的な管理を実現するには「公」と「共」が拮抗力として機能することが不可欠だというものだ。諸外国の実例や数式等も使いつつ、「共」の重要性を示したことが非常に重要なのである。

人間が人間らしく生きていくためには経済の力が必要不可欠だ。しかし冷戦崩壊後、共産主義国家が崩壊したことで、市場にゆだねることだけが正義かのような風潮がはびこった。その結果が昨今の新自由主義、グローバリズムの跳梁跋扈なのである。われわれはいまこの新自由主義、グローバリズムが盛大な失敗に終わった惨憺たる現状を生きている。しかしそれに甘んじることなく「次の時代」を求めて模索していくことが求められている。人間が生きていく限り商売は必要不可欠だ。しかしそれは現代の高度化した市場原理を野放しにすることを意味しない。特にわが国は自然と共生する豊かな文化を築いた国である。その文化的発想に立ち返れば、おのずから「共」の重要性も見えてくるのではないだろうか。

（評者・小野耕資）

活動報告

・オンラインで維新と興亜塾　**橘孝三郎『日本愛国革新本義』を読む**第四回（講師：小野耕資）開催。（五月六日）

・**熊野飛鳥むすびの里**で小野耕資が「日本人の農本的世界観とは何か　グローバル資本主義に対抗するために」と題して講演。（五月七日）。

・オンラインで維新と興亜塾　**ミスター通産省　佐橋滋**第四回（講師：坪内隆彦）開催。（五月十二日）

・五・一五事件を顕彰する**大夢祭**を岐阜で開催。主催は大夢舘（副館主小野）、昭和維新顕彰財団（代表理事坪内）。本年は五・一五事件から九十周年にあたり、また大夢祭も第五十回にあたる記念の年である。岐阜護国神社で祭事を行い、ホテルグランヴェール岐山に移動。本年は記念の年ということで**シンポジウム**を開催した。

　まず、帝京大学の小山俊樹教授が基調講演を行い、その後折本龍則（千葉県浦安市議会議員）、金子宗徳（里見日本文化学研究所所長）、杉本延博（奈良県御所

五・一五事件90周年　第50回大夢祭　記念シンポジウム

市議会議員)、蜷川正大(二十一世紀書院代表)によるパネルディスカッションが行われた(岡本幸治京都大学法学博士、クリストファー・スピルマン元帝京大学教授は所用により欠席)。その後、若手論客を発掘する目的で開催した「**日本再建**」**懸賞論文の表彰式**が行われた。受賞者は優秀賞：櫻井颯、特別賞：野本政樹、今西宏之、坂井晴輝、奨励賞：岡本晟良、田口仁、廣木章。その後懇親会が行われた。(五月十五日)。

ヴェオリア・ジャパン前で水道民営化抗議街宣

・折本龍則が**日本経綸機構「國風講座」**で「真木和泉論」と題し講演(五月二十二日)。

・宮城県で水道民営化を行う**ヴェオリア・ジャパン**に対し、本誌編集部は対話による意見交換を望むもヴェオリア側が無視したため、抗議街宣を行う。本誌記者九十九晃、小野、坪内、折本の順で街宣を行った後、ヴェオリア・ジャパン社員に抗議文を手交。その後官邸前に移動し、同じく水道民営化に対する抗議街宣を行った後、内閣府の担当官に抗議文を手交した。なお宮城県村井知事あてにも同様の文書を送付した。**抗議文**では以下の五点について要求した。

1. 岸田文雄内閣総理大臣は、水道法を再改正し、民間資本の参入規制を設けよ。
2. 岸田総理は、自治体運営において赤字等の事態が発生する場合は予算措置を行い、国として国民生活に責任を持つ姿勢を明らかにせよ。
3. 村井嘉浩宮城県知事は水道事業の再公営化を進めよ。
4. 村井知事は、民営化に踏み切ってしまった自身の失政の責任を明らかにせよ。
5. 野田由美子会長は公的な役職を辞し、利益供与の疑いを払拭することに努めよ。(五月二十三日)。

講演する稲村公望元日本郵便副会長（大東会館にて）

・維新と興亜主催で「ダボス会議の秘密」と題し**稲村公望氏特別講演会**（於：大東会館）催行。世界経済フォーラムの年次総会は通称「ダボス会議」と呼ばれ、グローバリストが今後の世界の方針を話し合う会議と言われており注目すべきである。日本になじみのある人物では竹中平蔵氏が理事を務め、かつてはカルロス・ゴーン氏が参加していたことで知られる。また、ダボス会議の選出するヤング・グローバル・リーダーズには橋下徹氏や小泉進次郎氏がいる。今年のダボス会議はウクライナ問題一色で、ロシアを非難する言説が多く、ゼレンスキーもオンラインで参加したものの、キッシンジャーがロシア側の主張を飲むことで戦争の早期終結を求めるべく発言したのが異色であった。依然として強い力を持っているものの、統一見解も出せず、米バイデン大統領も参加しないなど盛り上がりに欠け、グローバリストの時代の終わりを感じさせるものとなった。（五月三十一日）。

・浦安折本事務所で維新と興亜塾　**橘孝三郎『日本愛国革新本義』を読む**第五回（講師：小野耕資）開催。（六月一日）

・浦安折本事務所で維新と興亜塾（浦安日本塾と合同）**弘道館記述義を読む**第三回（講師：折本龍則）開催。（六月五日）

・上野公園で開催された**フィリピンエキスポ２０２２**（代表理事　鈴木信行）に折本、坪内、小野、九十九が参加。フィリピン文化を学ぶ（六月十一日）。

・新宿で「**みちばた**」甲斐正康氏、「維新と興亜」坪内、小野、稲村顧問兼東京支部長が打倒・新自由主義、いのちの水を守ろう街宣。（六月十一日）

※活動はyoutube「維新と興亜」チャンネルでも公開

読者の声

■本誌は反グローバリズムの立場から、農業改革や水道民営化の問題点を鋭く指摘している。また、対米自立を主軸とした論説が掲載されている。しかし、コロナについての論説が乏しいのが残念である。ワクチンの危険性やコロナ禍についての総括なども取り上げて欲しい。

また、戦後右翼の重鎮方や右派学生運動の諸先輩方が存命のうちに、オーラルヒストリーを残すことも期待したい。（五十嵐智秋）

■第十二号の特集「日本よ国家たれ」では、荒谷卓氏・中村之菊氏のインタビューが掲載されており、興味深く拝読した。奇しくも、両者は「神道を奉じるものこそ、日本の国土を大切にしなければならない」という点で一致しており、また、お二人とも何らかの形で「農」を実践されているという点でも共通している。そうした神道と農との結びつきを取り戻す活動こそ、「道義国家日本」を再建していくうえでの一つの足掛かりとなろう。（本荘秀宏）

編集後記

★議席獲得を目指す保守政党は、何を訴えているのか。マスコミが十分に伝えない8党代表（幹事長）の声を直接聞き、各党が主張する政策の意義、重要性を確認することができました。貴重な時間を割いていただいた魚谷哲央氏（維新政党・新風代表）、神谷宗幣氏（参政党事務局長）、安藤裕氏（新党くにもり共同代表）、小林興起氏（新党やまと代表）、木原功仁哉氏（祖国再生同盟代表）、黒川敦彦氏（つばさの党代表）、鈴木信行氏（日本国民党代表）、中村和弘氏（日本第一党幹事長）に心より感謝申し上げます。

★本誌では「五・一五事件90周年　第50回大夢祭」の記念シンポジウム」の内容（活動報告参照）と「日本再建」懸賞論文の受賞作品を収録した増刊号の刊行を準備しています。ご期待ください。

★本誌は、直接我々の主張を訴えるために街宣活動を展開しています。ヴェオリア・ジャパン前街宣に続き、七月二十一日には、日米地位協定改定を阻む外務省北米局長に対して抗議活動を行う予定です。（T）

≪執筆者一覧（掲載順）≫

坪内隆彦　（本誌編集長）
折本龍則　（浦安市議会議員・崎門学研究会代表）
小野耕資　（本誌副編集長・大アジア研究会代表）
魚谷哲央　（維新政党・新風代表）
神谷宗幣　（参政党事務局長）
安藤　裕　（新党くにもり共同代表）
小林興起　（新党やまと代表）
木原功仁哉　（祖国再生同盟代表）
黒川敦彦　（つばさの党代表）
鈴木信行　（日本国民党代表）
中村和弘　（日本第一党幹事長）
原田陽子　（一陽会代表）
出見晃大　（本誌記者）
原　嘉陽　（伝統文化研究家）
慶野義雄　（平成国際大学名誉教授）
倉橋　昇　（歴史学者）
西村眞悟　（元衆議院議員）
山崎行太郎　（哲学者）
鈴木田遵澄　（大夢舘舘主）
金子宗德　（里見日本文化学研究所所長）
森田忠明　（一般社団法人日本経綸機構代表理事）
杉本延博　（奈良県御所市議会議員）
玉川博己　（三島由紀研究会代表幹事）
玉川可奈子　（歌人）
福山耕治　（医師）
田口　仁　（里見日本文化学研究所講学生）

道義国家日本を再建する言論誌
維新と興亞　第十三号
令和四年六月二十八日　発行
編　集　崎門学研究会　大アジア研究会
発行人　折本龍則（望楠書房代表）
〒279―0001
千葉県浦安市当代島1―3―29アイエムビル5F
TEL　047―352―1007（望楠書房）
Email　mail@ishintokoua.com
URL　https://ishintokoua.com

※　次号第十四号は令和四年八月発行